Cómo Ser Un Médico Del Alma

Aprendiendo cómo
Cristo Satisface los Deseos
más Profundos del Alma
por medio de la Gracia
de la Oración.

Bill Thrasher

© Dr. William Thrasher 2010

Todos los derechos reservados por
Dr. William Thrasher
1015 Santa Rosa
Wheaton, IL 60187

Todas las citas bíblicas, a menos que se indique lo contrario, se han tomado de la Nueva Versión Internacional.

"Citas bíblicas tomadas de la BIBLIA NUEVA VERSIÓN INTERNACIONAL®, Copyright © 1960, 1962, 1963, 1968, 1971, 1972, 1973, 1977, 1995 por la Fundación Lockman. Usado con permiso."

Publicado por:

Berea Publishing Co.

Camino a Berea #70
Localidad Los Fresnos
Charo, Michoacán 61311
México
(443) 333-1631

Para adquirir libros del Dr. Thrasher en Inglés y Español, por favor vaya a **www.victoruiouspraying.com**

Contenido

Dedicatoria—11

Introducción—13

Sección Uno
La necesidad de aceptación—experimentando la gracia del deleite de Dios en ti—17

Capítulo Uno
Superando la barrera de—"ya lo sé" y experimentando alabanza espontánea—21

Capítulo Dos
Experimentando el deleite de Dios—27

Capítulo Tres
Experimentando el gozo del cuidado paternal mientras oras—33

Capítulo cuatro
Desarraigando las mentiras de Satanás acerca de Dios y encontrando a la pareja perfecta—39

Capítulo Cinco
Experimentando un nuevo nivel de honestidad e intimidad con Dios—45

Capítulo Seis
Deleitándote al sentirte comprendido cuando oras—49

Capítulo Siete
Regocijándote en el corazón reconciliador de Dios cuando vienes a él en oración—53

Capítulo Ocho
Experimentando libertad del temor al hombre a través de la oración—59

Capítulo Nueve
Experimentando la libertad de vivir delante de Dios—67

Capítulo Diez
Viendo las consecuencias de no experimentar el deleite de Dios—71

Capítulo Once
Siendo ambicioso para recibir el don del reposo de Dios—77

Capítulo Doce
Comprendiendo nuestra necesidad de la provisión de Cristo para liberar nuestras vidas —81

Sección Dos
La necesidad de tener esperanza en tus luchas—experimentando la gracia de la esperanza en Cristo—87

Capítulo Trece
Edificando sobre el fundamento correcto—91

Capítulo Catorce
Viéndote como quien realmente eres al orar—99

Capítulo Quince
Orando a la luz de tu libertad—105

Capítulo Dieciseis
Clamando a Dios para ser liberados del engaño del pecado—109

Capítulo Diecisiete
Viviendo y orando en el poder de la resurrección—113

Capítulo Dieciocho
Haciendo realidad las amorosas provisiones de Dios—117

Sección Tres
La necesidad de motivar y capcitar—experimentando la gracia que motiva y capacita—121

Capítulo Diecinueve
Entendiendo cómo la gracia de Dios nos motiva y capacita—125

Capítulo Veinte
Trabajando y orando en la gracia de Dios —131

Capítulo Veintiuno
Andando en el espíritu en todo aspecto de la vida—135

Capítulo Veintidós
Creciendo en gracia—141

Sección Cuatro
La necesidad de consuelo en el dolor — experimentando por gracia la perspectiva que supera la amargura—145

Capítulo Veintitrés
Confiando nuestras dificultades al Señor—149

Capítulo Veinticuatro
Obteniendo la perspectiva de Dios para procesar nuestro dolor a través de la oración —153

Capítulo Veinticinco
Viendo la bondad de Dios en nuestro dolor—159

Capítulo Veintiseis
Experimentando la liberación de la amargura a través de la oración—167

Capítulo Veintisiete
Viviendo bajo un cielo despejado—173

Capítulo Veintiocho
Clamando a Dios por fuerza sobrenatural —177

Capítulo Veintinueve
Compartiendo nuestras necesidades y anhelos con Dios en oración —185

Sección Cinco
La necesidad de ser librados de la culpa— experimentando la gracia de la convicción y de la limpieza continua—193

Capítulo Treinta
Entendiendo la bondad de la convicción de Dios—197

Capítulo Treinta y Uno
Encontrando libertad al andar en la luz—203

Capítulo Treinta y Dos
Discerniendo la diferencia entre las acusaciones de Satanás y la convicción de Dios—209

Capítulo Treinta y Tres
Viviendo con una conciencia limpia delante de Dios—215

Sección Seis
La necesidad de ser librado del temor — experimentando la gracia del valor y la fe—221

Capítulo Treinta y Cuatro
Permitiendo que tus temores te animen a buscar a Dios—225

Capítulo Treinta y Cinco
Permitiendo que tus temores te animen a purificar tu corazón—229

Capítulo Treinta y Seis
Permitiendo que tus temores te animen a creerle a Dios—235

Sección Siete
La necesidad del reposo espiritual—experimentando la gracia de la paz verdadera—241

Capítulo Treinta y Siete
Comprendiendo lo que es y lo que no es el reposo espiritual —245

Capítulo Treinta y Ocho
Conociendo la única fuente de reposo espiritual—251

Capítulo Treinta y Nueve
Siendo instruido por un Dios de gracia—261

Capítulo Cuarenta
Conociendo el lugar donde se experimenta el reposo espiritual—269

Apéndice Uno

Apéndice Dos
Ejemplos de las escrituras que contrarrestan nuestros temores—277

Apéndice Tres
Resumen de capítulos 34 - 36—279

Apéndice Cuatro

Apéndice Cinco
¿Estás adorando al Dios de gracia?—283

Guía de Estudio
Cómo ser un médico del alma: aprendiendo cómo
Cristo satisface los deseos más profundos del alma
por medio de la gracia de la oración—285

Dedicatoria

Me causa gran placer dedicar este libro al Señor y hacer un reconocimiento especial por Su obra de gracia en las vidas de mis alumnos, durante estos últimos treinta años. Pablo habló del ministerio como una calle de doble sentido—"Esto es, para ser mutuamente confortados por la fe que nos es común a vosotros y a mí" (Romanos 1:12). De innumerables maneras he sido alentado y apoyado por las vidas de mis alumnos, al verlos buscar a Dios y al verlos convertidos en instrumentos especiales de Dios alrededor del mundo.

Quisiera que fuera posible destacar por nombre a cada uno de ellos, pero he escogido a dos para que representen a innumerables otros. Ross Robinson se graduó de uno de nuestros programas de maestría. Ted Clark cursó nuestro programa de licenciatura en Moody. Me asombro de la obra que Dios ha hecho en y a través de estos dos hombres.

Los sacerdotes en el Antiguo Testamento cesaban de ejercer su ministerio a los cincuenta años de edad (¡Me alegro de vivir en la época actual!). Sin embargo, no cesaban en su servicio pues seguían ayudando a sus hermanos en el ejercicio de sus deberes (Números 8:26). He procurado seguir este principio al ministrar en esta fase de mi vida. Ha sido un enorme privilegio ministrar al lado de estos dos hombres excelentes y sus familias—con uno aquí en los Estados Unidos y con el otro, en numerosos viajes que he hecho a México. En ambos casos, ya sea en una iglesia local en

Greenville, Carolina del Sur, o en el campo misionero en México, he llorado de gratitud al ver a estos alumnos logrando hazañas muy por encima de lo que yo jamás hubiera podido alcanzar.

Es apropiado alabar a Dios por Su gracia en sus vidas, familias y ministerios. Les invito a orar por ellos y por los millares que representan.

Introducción

Anhelo que Dios los bendiga grandemente conforme leen este libro. No hay mayor gozo ni privilegio que ser un "colaborador de Dios" (1 Corintios 3:9). Vale la pena el "trabajo" de hacer todo lo que está a tu alcance para presentarte a ti mismo y a otros "perfectos en Cristo Jesús" (Colosenses 1:28-29).

Rembrandt es reconocido por muchos como uno de los pintores más famosos de todos los tiempos. Vivió en el siglo diecisiete en Holanda, produjo más de dos mil pinturas, grabados y dibujos. Si fueras a comprar alguno de sus cuadros hoy, tendrías que pagar un precio enorme. Te podrás preguntar porqué se declaró en bancarrota al final de su vida, si desde sus primeros años fue reconocido como un gran artista. La razón es que el valor de su trabajo no fue establecido sino hasta mucho tiempo después. Fue hasta que la gente empezó a ofrecer grandes sumas de dinero por sus cuadros, que su valor fue establecido.

Dios, en Su infinita sabiduría, formó nuestra vida (Salmos 139:13-16). Sin embargo, es el gran precio que Él ofreció por tu redención lo que revela el gran valor que tienes delante de Sus ojos. Dios dio a Su Hijo como pago por tu salvación:

Sabiendo que no fuisteis redimidos de vuestra vana manera de vivir heredada de vuestros padres con cosas perecederas como oro o plata, sino con sangre preciosa, como de un

> *cordero sin tacha y sin mancha, la sangre de Cristo. (1 Pedro 1:18-19)*

Las verdades de este libro son muy preciosas para mí. Si fueras a ofrecer millones de dólares a cambio de experimentar la aceptación de Cristo (Sección 1), la autoridad (Sección 2), el motivar y capacitar (Sección 3) y la continua limpieza (Sección 5), yo ni siquiera me sentiría tentado a considerar la oferta. La Guía de Estudio al final del libro está diseñada para ayudarte a asimilar y atesorar estas verdades, para que puedas hablar de ellas como "preciosas y grandísimas" (2 Pedro 1:4).

Dios, en su gracia, nos ofrece Su amorosa ayuda en la batalla de cada uno con la ira (Sección 4), la culpa (Sección 5) y el temor (Sección 6). Puedes ser "más que vencedor" en estas batallas y experimentar el maravilloso don que Jesús llamó: "descanso para vuestras almas" (Sección 7).

Hace más de cien años, D. L. Moody exhortó a la iglesia a volver a adiestrar a "médicos del alma." Estos son hombres y mujeres que han aprendido a apoyarse en el Espíritu Santo, tanto para diagnosticar la condición del alma como para ayudar a otros a experimentar la bendición que se encuentra en el Señor Jesucristo. El verdadero ministerio fluye de la persona interior (Juan 7:37-39) y el crecimiento genuino involucra el fortalecimiento de nuestro espíritu (Lucas 1:30; Efesios 3:16).

Este libro está diseñado para permitirle a Dios hacer una obra en ti, para que Él, luego pueda obrar libremente a través de ti. Tiene como propósito equiparte para que puedas atender las necesidades espirituales de otros y para pastorear, exhortar y guiar al pueblo de Dios. Entrenar a las personas para que sean médicos del alma involucra obedecer la instrucción de Pablo a Timoteo, de primero tener "cuidado de ti mismo y de la enseñanza," lo que resulta no solamente en nuestra propia santificación, sino también en convertirnos en epístolas vivientes, para luego rebosar hacia otros en el cumplimiento de la Gran Comisión. He escrito este libro, para hacer posible que abundes en la obra del Señor mientras experimentas la gracia de la oración. Conforme Dios te vaya liberando, serás equipado para rebosar en ayuda a otros, al señalarles y dirigirlos a Cristo; el Único que puede satisfacer los anhelos más profundos del alma.

La oración es el medio que te permitirá recibir los dones de Cristo y que te sostendrá en tu trabajo como médico del alma. ¿Comprendes que Dios no solamente te salva por gracia sino que también te quiere enseñar a vivir y a orar en su gracia? ¿O acaso se caracteriza tu experiencia cristiana por la verdad de Gálatas 3:3?

> *¿Tan insensatos sois? Habiendo comenzado por el Espíritu, ¿vais a terminar ahora por la carne?*

Oremos juntos en fe para que Dios ilumine nuestras mentes y corazones, para comprender y experimentar la gracia de la oración y, de esa manera, entrar en lo que Jesús llamó "descanso para nuestras almas" en medio de las demandas de la vida y de todas las circunstancias que enfrentamos en nuestro trabajo como médicos del alma.

Sección Uno
La necesidad de aceptación—experimentando la gracia del deleite de Dios en ti

La raíz de toda adicción malsana, de alguna manera está relacionada con no entender la verdad del amor de Dios y su deleite. Podemos estar seguros de que algunas adicciones, como la adicción al trabajo, pueden ser aplaudidas por la sociedad. Sin embargo, si estamos trabajando para tratar de escuchar el mensaje que Dios habló acerca de Su Hijo: "Éste es mi Hijo amado, en quien me he complacido"; estamos trabajando por la razón equivocada.

Dios ama a Sus hijos con la misma intensidad con la que ama a Su propio Hijo (ver Juan 17:23). Conforme leas esta sección abre tu corazón, para que primero Dios te comunique este mensaje a ti y para que luego lo pueda comunicar, de manera efectiva, a través de ti. Como médico del alma estarás ayudando a otros a creer y experimentar su teología, que habla del deleite de Dios en ellos. También les ayudarás a aprender a cómo detectar las mentiras que están creyendo, para poder liberarse del temor del hombre y saber que son comprendidos y amados por un Padre perfecto; la persona más reconciliadora con la que pueden tener una relación. Confía en que Dios iluminará los ojos de tu corazón conforme leas esta sección.

Capítulo Uno

Superando la barrera de—"ya lo sé" y experimentando alabanza espontánea

Estaba estudiando y enseñando el libro de Gálatas por un período de varios años, cuando Dios comenzó a darme comprensión acerca del concepto de: "verdades en las cuales descansar". Esto me permitió entender lo que significa, en la práctica, vivir bajo la gracia de Dios. Me encontré preguntándole a Dios: "Conozco y creo estas verdades, ¿pero cómo puedo saber si realmente estoy descansando en ellas?" La primera comprensión profunda que entendí fue que si no tengo momentos de alabanza espontánea por el amor y la aceptación de Dios, entonces no estoy descansando en esta verdad.

La Biblia está llena de alabanza espontánea. El Salmo 139:17-18 es un ejemplo: "¡Cuán preciosos también son para mí, oh Dios, tus pensamientos! ¡Cuán inmensa es la suma de ellos! Si los contara, serían más que la arena; al despertar aún estoy contigo." David alaba a Dios porque está pensando en Él día y noche. Por ejemplo, si tienes a alguien continuamente en tu mente, quiere decir que esa persona es muy importante para ti. Tal vez, has tenido momentos en los que hubieras querido ponerte a ti mismo en la mente de alguien más. De hecho, la chica que llegó a ser mi esposa estuvo continuamente en mi mente antes de que yo estuviera en la mente de ella; mucho antes. La llevaba en mi mente porque me deleitaba en ella. Todavía la llevo en mi mente. De una manera mucho más perfecta, Dios mantiene a Sus hijos continuamente en Sus pensamientos.

Tú y yo necesitamos de alguien que esté "loco" por nosotros. Así es como Dios creó el corazón humano. Solamente Él puede pensar todo el día en nosotros y darnos toda Su atención. De hecho, en Su amor infinito puede enfocarse en ti como si fueras la única persona en el mundo, sin descuidar cualquier otro asunto en el que Él esté involucrado al estar cuidando todo el universo.

Recuerdo haber expresado la verdad de la justificación por la fe a un grupo de estudiantes universitarios. Anotaron todo lo que dije y luego una alumna de primer año volteó a verme como diciendo: "Déme el siguiente punto." Entonces pensé para mí mismo: "¿Espera un momento, qué acabo de decir?" Acababa de afirmar que debido a la muerte de Cristo en la cruz, Dios nos ve no solamente como si nunca hubiéramos pecado sino también como si siempre le hubiéramos obedecido perfectamente. Nos ha declarado justificados delante de Él, y nos ama y acepta como Sus hijos de una manera perfecta, completa y absoluta.

¿Qué tal si yo hubiera sabido que esta jovencita tenía su pensamiento en cierto muchacho de la clase? Y que yo hubiera ido con ella antes de la clase, y le hubiera dicho: "Me doy cuenta que continuamente estás pensando en Ben, y también me he dado cuenta que Ben continuamente está pensando en ti. En realidad, él está completamente enamorado de ti; así, tal y como eres. Se deleita tanto en ti, que piensa que todo lo que haces es maravilloso." ¿Cuál creen que hubiera sido su respuesta? ¿Hubiera sido?, "Oh, qué bonito. Ahora déme el siguiente punto." ¡No! Su deseo de deleitarse en esta verdad y de meditar en ella sería tan natural como el respirar. Y no habría necesariamente algo malo en esa respuesta.

Es triste cuando tratamos la verdad de Dios como si fuera algo irreal y secundario. Más bien, debe ser la verdad misma la que defina nuestra vida. Tú, como el apóstol Juan, debes verte a ti mismo como el discípulo a quien amaba Jesús (Juan 21:20). Él no se veía a sí mismo como la única persona a quien Jesús amaba, pues claramente enseñó que Dios amaba al mundo. Sin embargo, aplicó de manera personal esta verdad de la misma manera en que lo hizo el apóstol Pablo cuando escribió Gálatas 2:20:

> *Con Cristo he sido crucificado, y ya no soy yo el que vive, sino que Cristo vive en mí; y la vida que ahora vivo en la carne, la vivo por fe en el Hijo de Dios,* **el cual me amó** *y se entregó a sí mismo por mí. (Gálatas 2:20, énfasis agregado)*

Es la personalización de esta verdad lo que evoca la alabanza espontánea en tu corazón hacia Dios, cuando percibes ese deleite personal de Dios en ti.

Tal vez, es por esta razón que el Dr. Lewis Sperry Chafer, después de haber enseñado teología la mayor parte de su vida y de haber escrito libros acerca de teología sistemática, un día expresó de manera espontánea a sus alumnos: "¡Jóvenes, pienso que estoy a punto de comprender lo que significa ser justificado por la fe!" Cuando uno capta esta verdad, al grado que percibe el favor y el placer de Dios, quién se regocija sobre Su pueblo, como el novio se regocija sobre su novia con quien se ha de desposar, la alabanza es la respuesta natural.

Es de lo que hablaba el autor S.J. Hill cuando escribió: [1]

> *Las manchas, cicatrices y kilos de más, pueden pesar en tu corazón, pero no pesan en el de Él. Dios ama tus pecas. Él ama tus pies con sus dedos torcidos y apestosos. Él te ama— tal cual eres. Él ama tu singularidad. Él ama la sonrisa que solamente* **tu rostro** *puede radiar. Él te ama cuando estás*

---

1. S.J. Hill, Enjoying God (Lake Mary, Florida: Relevant Books, 2001), 3.

despierto, vibrante y lleno de vida. Y Él te ama cuando estás desanimado, batallando y aletargado. Te ama hasta cuando estás durmiendo. Se emociona cuando te levantas, aunque tengas ese mal aliento de recién despertado y tengas el "sueño" todavía metido en los ojos. No puede esperar el oír tu voz. Espera con entusiasmo tus primeros pensamientos. Le encanta acompañarte a lo largo del día. Disfruta estar contigo en el trabajo. No está volteando a ver el reloj a cada rato ni está buscando que den las "cinco" para retirarse. Simplemente el estar contigo es suficiente. Disfruta hablar contigo, viajar contigo y ser tierno contigo. Le encanta verte disfrutar de Su creación. Se sonríe cuando volteas a ver las montañas, el mar o el cielo estrellado y piensas en Él.

La verdad es que le caes muy bien a Dios. En realidad, Él te disfruta. Puedes pensar que no das la medida de un supermodelo, ni eres el Sr. Perfecto, pero Él sí lo piensa. Gracias al acto de gracia de Su Hijo, Él te ve perfectamente redimido.

Él no solamente ha hablado acerca de Su amor, sino que te lo ha demostrado cuando aún eras Su enemigo (Romanos 5:6-10). Ravi Zacharias hizo la siguiente observación respecto a la manera en que muchos de nosotros abordamos el tema del amor de Dios, cuando escribió:[2]

La idea de que Dios nos ama puede fácilmente convertirse meramente en una declaración teórica. Lo decimos con mucha frecuencia, sin embargo estoy absolutamente convencido de que aun cuando esta verdad sea comprendida, su significado parece desaparecer con el tiempo. Se nos olvida la inmensidad de la verdad de que

---

2. Ravi Zacharias, Recapture the Wonder (Brentwood, TN: Integrity Publishers, 2003), 114.

Dios nos ama así como somos, en la debilidad y en la lucha en la que vivimos. El entender esto, debe más que meramente informar a la mente; debe agitar de emoción al corazón. Ese es el entendimiento que alimenta el asombro. Cuando la verdad permanece abstracta, el alma no vive de ese tesoro.

¿Estás listo para cruzar la barrera de "eso ya lo sé", para experimentar una epidemia de expresiones de alabanza espontánea por Su amor por ti? ¿Crees tú que Dios te ama? ¿Estás dispuesto a orar para que Dios te abrume con una concientización de Su amor? ¿Habrá otras personas en tu vida por las que debas orar para que se cumpla esta oración también en ellos?

Capítulo Dos

Experimentando el deleite de Dios

Martyn Lloyd-Jones fue un médico que sintió el llamado de Dios para dejar su profesión y dedicarse a predicar la Palabra de Dios. Él ilustró la posición del creyente en la gracia de Dios por medio de una analogía de un limosnero pobre y patético. Este hombre miserable que vivía en las calles veía banquetes celebrándose en un hermoso y suntuoso palacio. Miraba la abundancia de alimentos que disfrutaban día tras día en el palacio. Entre tanto, él temblaba de frío, vestido de harapos y mendigando alimento. Un día el hijo del rey vino a él, lo tomó de la mano y lo presentó con su padre. El rey ordenó que lo vistieran de ropas reales, y le dijo que podía gozar del favor permanente y acceso al rey, como si fuera su propio hijo.

Disfrutando de la Amorosa Aceptación y del Deleite de Dios.

> *¿Puedes ver la clara analogía con el evangelio? Si eres un genuino creyent e en Cristo, Dios te ama con la misma intensidad con la que ama a Su propio Hijo (Juan 17:23— ¡Lee este pasaje!). ¿Te ves a ti mismo como alguien amado por el Rey de reyes, que tienes acceso continuo y permanente a Él y a Sus riquezas espirituales por causa de*

Su Hijo? ¿O te ves a ti mismo como ese patético hombre que deambulaba por las calles? Podrás vivir físicamente en la calle, pero si conoces a Jesús, puedes disfrutar del palacio real. Podrás tener millones de dólares en este mundo, pero si no has llegado a conocer al Señor Jesucristo vives en una gran pobreza.

¿Estarán muchas personas fuera de la iglesia hoy debido a que nosotros, los que somos cristianos, representamos la vida cristiana de una manera tan pobre? ¿Estaremos viviendo como limosneros espirituales, cuando se supone que deberíamos estar viviendo como hijos del Rey celestial? Dios no se complace si no estás de acuerdo con esta verdad. Una decisión así no sería una señal de humildad, más bien lo sería de rebelión. El cristiano ha de ser una persona humilde, pero la humildad es someterse a Dios y estar de acuerdo con Él. ¡Fue Él quien dijo que gracias a la preciosa vida perfecta de Jesucristo y a su muerte cruel, un seguidor de Jesús puede disfrutar de paz con Dios y de una posición de favor permanente delante de Él!

Una exalumna mía batallaba para decir las palabras: "Dios me ama." Tal declaración, según su percepción, nacía del orgullo, porque ella sentía que significaba que ella merecía Su amor. No lo merecemos, pero Su Hijo pagó el precio de nuestros pecados para que nosotros lo pudiéramos disfrutar. Las palabras preciosas que describen los logros alcanzados por la muerte de Jesús en la cruz no son palabras ociosas.

¿Cómo te sentirías si mientras estás leyendo este libro alguien pusiera su mano sobre tu hombro y pidiera sentarse a tu lado? Responderías: "Depende de quién sea la persona, eso determinará si le doy o no permiso." Supongamos que sea una persona que sabe todo lo que has hecho en tu vida, todo lo que has dicho y ¡hasta todo lo que has pensado! ¿Cómo te sentirías?

¿Te darían ganas de salir corriendo? ¿Qué si también te dijera que a dondequiera que fueras allí estaría Él? Mi querido amigo, hay Alguien que está a tu lado en este momento y que sabe todo respecto a ti. Él es quien te ofrece su asombroso amor y deleite, por medio de Su precioso Hijo.

Las Escrituras enseñan que Jesús ha ganado para nosotros el "deleite de Dios." ¿Estás tú tratando de ganártelo por tu apariencia? Diciendo: "Si tan sólo mi aspecto fuera un poco distinto, entonces sería una persona encantadora." ¿O estás tratando de obtenerlo con tus logros, rendimiento o estatus? El salmista habla no solamente de nuestra responsabilidad de deleitarnos en el Señor:

> **Pon tu delicia** en el Señor, y Él te dará las peticiones de tu corazón. (Salmo 37:4, énfasis agregado)

También comenta acerca de, ¡cómo Dios se deleita o agrada en nosotros!

> También me sacó a un lugar espacioso; me rescató, porque **se complació** en mí. (Salmo 18:19, énfasis agregado)

El deleite que Dios tiene en nosotros, es un regalo que Cristo obtuvo para nosotros al derramar su sangre. Esta es la experiencia de la gracia de Dios. De hecho, nuestro deleite en Él es meramente una manera de responder a Su deleite en nosotros, así como "nosotros amamos, porque Él nos amó primero" (1 Juan 4:19).

¿Tienes miedo al fracaso? En Cristo puedes recibir una justificación completa:

> Por tanto, habiendo sido **justificados** por la fe, tenemos paz para con Dios por medio de nuestro Señor Jesucristo. (Romanos 5:1, énfasis agregado)

¿Temes ser rechazado? En Cristo puedes experimentar la reconciliación de Dios:

> *Porque si cuando éramos enemigos fuimos **reconciliados** con Dios por la muerte de su Hijo, mucho más, habiendo sido reconciliados, seremos salvos por su vida. (Romanos 5:10, énfasis agregado)*

¿Temes la ira de Dios? En Cristo puedes experimentar la propiciación de Dios, lo que sencillamente quiere decir que Dios está satisfecho con el pago de Cristo por el pecado, y por eso puede justamente librarte de Su ira y permitirte experimentar Su bondad:

> *A quien Dios exhibió públicamente como propiciación por su sangre a través de la fe, como demostración de su justicia, porque en su tolerancia, Dios pasó por alto los pecados cometidos anteriormente. (Romanos 3:25)*

Una historia que narra Floyd McClung me parece apropiada para concluir este capítulo:[1]

> *Durante la Guerra de Corea, el pastor de una pequeña iglesia en un poblado rural amaneció con la noticia de que su pequeño hijo, su único hijo, había sido asesinado. Al parecer algunos soldados se habían introducido durante la noche y habían ejecutado al azar a varias personas de la aldea en un acto brutal de terrorismo.*
>
> *El pastor apenas podía soportar tal aflicción. Tenía la esperanza de que su hijo, algún día, siguiera sus pasos y llegara a ser un pastor. Ahora sus amigos temían por su*

---

1. Floyd McClung, Finding Friendship With God (Ann Arbor, Mich.: Servant Publications, 1992), 149-150.

estabilidad emocional, al ver como la irracional muerte de su hijo le había afectado. Parecía tan cruel, tan injusta. Su hijo no estaba en el ejército. No era ninguna amenaza para nadie. ¿Por qué lo habían escogido para matarlo de esa manera?

Finalmente, el pastor coreano decidió lo que tenía que hacer para responder a este acto de violencia. Anunció que buscaría hasta encontrar a los hombres que habían matado a su hijo y que no desistiría hasta que los hallara. Ningún obstáculo lo podría detener, ninguna adversidad lo disuadiría. Este padre afligido estaba decidido a hacer lo que fuera necesario.

Sorprendentemente, logró conocer la identidad de los dos terroristas, se pudo infiltrar detrás de las líneas enemigas, y averiguar en donde vivían. Temprano una mañana se metió en su casa y los confrontó. El pastor les dijo quien era, y que él sabía que ellos habían asesinado a su hijo. "Tienen una deuda conmigo," les dijo. "He venido a cobrarla."

Los dos hombres esperaban ser muertos en venganza por lo que hicieron. Pero las siguientes palabras del pastor los dejaron atónitos. "Ustedes se llevaron a mi hijo," les dijo, "y ahora quiero que ustedes se conviertan en mis hijos en su lugar."

El pastor se quedó con ellos varios días, hasta que logró persuadirlos de que se fueran con él. Con el paso del tiempo los llegó a adoptar legalmente. Los amó y cuido de ellos. Ellos llegaron a convertirse a Cristo, fueron al seminario y se recibieron como ministros. Hoy en día, estos dos hombres son pastores en Corea; todo debido a un padre que estuvo dispuesto a hacer lo que fuera necesario para ganarlos para Cristo, con un amor totalmente incontenible.

¿Vienes a Dios como un hijo del Rey? ¿Vienes a Él reconociéndolo como Aquél que te ha librado de Su ira, que te ha justificado, reconciliado y que se deleita en ti? En oración, ¿estás dispuesto a darle tu vida al Señor y permitirle que muestre al mundo las realidades de estas verdades?

Capítulo Tres

Experimentando el gozo del cuidado paternal mientras oras

Mark Ashton-Smith, un profesor universitario de treinta y tres años de la Universidad de Cambridge, zozobró en aguas traicioneras mientras navegaba en kayak cerca de la Isla de Wight en Inglaterra. Mientras se aferraba a su embarcación, sacó su teléfono celular para llamar a su padre. Aunque su padre se encontraba a 3,500 millas de distancia entrenando a las tropas británicas en Dubai, su primer instinto fue llamar a su padre. Inmediatamente su padre se comunicó con los guardacostas para informarles del llamado de auxilio de su hijo. Aconteció que los guardacostas tenían una estación de servicio a menos de una milla de distancia de donde se encontraba su hijo, de manera que en menos de doce minutos llegó un helicóptero que rescató a Ashton-Smith.

¿Cuándo te encuentras en verdadero peligro, es tu primer impulso llamar a tu Padre Celestial? La respuesta a esa pregunta depende de tu percepción de Su carácter. El Dr. Paul Vitz es profesor de psicología en la Universidad de Nueva York. Escribió un libro titulado, *La Fe de los Huérfanos de Padre*, para describir su teoría de la "hipótesis del padre defectuoso." Él cree que los ateos tienen una profunda necesidad psicológica de rechazar a Dios debido a la mala relación con su padre terrenal. Su desilusión al rechazar a su propio padre inconscientemente justifica su rechazo de Dios. El autor cita numerosos ejemplos tales como a Madelyn Murray O'Hair, la mujer responsable de lograr que la Suprema Corte de los Estados Unidos prohibiera las oraciones en las escuelas públicas en los años 1960's. Ella odiaba a su padre y en una ocasión intentó matarlo con un cuchillo de carnicero. El filósofo francés Voltaire, un poderoso crítico del cristianismo, odiaba tanto a su padre abusivo que se cambió el apellido de Arouet a Voltaire. José Stalin era golpeado frecuentemente por su padre. Adolfo Hitler tuvo la misma experiencia, su padre ha sido descrito como autoritario, egoísta y duro.

Cuando los discípulos de Jesús vinieron a Él y le pidieron que les enseñara a orar, las primeras palabras del Señor fueron: "Cuando oréis, decid: 'Padre'..." (Lucas 11:1, 2) Tu concepto de Dios determinará cómo será tu experiencia en la oración y en la vida cristiana.

Toda la vida cristiana comienza con la experiencia de llegar a conocer a Dios como nuestro Padre. Fijémonos en lo que dice Gálatas 4:5-7:

> ...a fin de que redimiera a los que estaban bajo la ley, para que recibiéramos la adopción de hijos. Y porque sois hijos, Dios ha enviado el Espíritu de su Hijo a nuestros corazones, clamamos: ¡Abba! ¡Padre! Por tanto, ya no eres siervo, sino hijo; y si hijo, también heredero por medio de Dios.

"Abba" es una palabra aramea que expresa una relación muy afectuosa e íntima entre un hijo y su padre. La encontramos en los labios de Jesús cuando está hablando con Su Padre en Getsemaní (Marcos 14:36), y es también la relación a la cual el Espíritu de Dios busca guiar a cada creyente (Romanos 8:15). Jesús enlaza la experiencia de la oración con conocer a Dios como nuestro Padre:

> *O suponed que a uno de vosotros que es padre, su hijo le pide pan; ¿acaso le dará una piedra? O si le pide un pescado; ¿acaso le dará una serpiente en lugar del pescado? O si le pide un huevo; ¿acaso le dará un escorpión? Pues si vosotros siendo malos, sabéis dar buenas dádivas a vuestros hijos, ¿cuánto más vuestro Padre celestial dará el Espíritu Santo a los que se lo pidan? (Lucas 11:11-13)*

Si proyectamos la imperfección de nuestro padre terrenal hacia Dios, llegaremos a algunas conclusiones equivocadas. Recuerdo haber leído el testimonio de una mujer que fue criada por un padre alcohólico y por una madre que súbita e inexplicablemente estallaba en ira como un volcán que hace erupción. Esta mujer hasta tenía dificultades para escuchar un sermón completo debido a sus sentimientos de condenación y de culpa. En su mente, Dios no era justo ni fiel ni verdadero, sino más bien poco confiable, irracional e impredecible. Nunca sabía cuándo iba a recibir un abrazo o una bofetada y tampoco podía determinar la razón por la cual los recibía.

George MacDonald tuvo una maravillosa infancia y encontró un gran refugio en su amoroso padre. También dio un consejo profundo para aquellos que no encuentran placer, cariño ni amor en el nombre "padre." En su libro *El Corazón de George MacDonald,* él declara: "Debes interpretar esta palabra como todo lo que te has perdido en la vida. Todo lo que la ternura humana puede dar o ingeniar en la cercanía y disposición a amar, todo eso e infinitamente más deberá ser cierto respecto del Padre perfecto, del hacedor de la paternidad."

Todos nosotros debemos tomar con seriedad este consejo, pues solamente hay un Padre Perfecto—Dios el Señor. Ve a Él para ser sanado de las heridas de tu pasado. Permite que Sus verdades saquen de raíz las mentiras, para que puedas verte a ti mismo como uno por quien Dios dio su más grande sacrificio; Su Hijo, para poder tener una relación íntima contigo. Cuando comenzamos a verlo por quién realmente es, nuestra relación con Él es lo que le da significado a todo aspecto de nuestras vidas, y nos capacitará para comenzar a experimentar la gracia de la oración y del ministerio.

Zach es un exalumno mío que creció en lo que muchos llamarían condiciones trágicas, pues fue criado en uno de los barrios más pobres del centro, en viviendas del gobierno. La gracia de Dios lo alcanzó, y transformó de tal manera su vida, que un día un hombre se le acercó y le preguntó: "¿Quién es tu padre?" La idea detrás de la pregunta era "si has llegado a ser tan buena persona, realmente quisiera conocer a la fuente de esta obra." Zach respondió: "Nunca conocí a mi padre, pero Jesús es mi papá." Cristo realmente ha sido un padre para este joven quien llegó a ser el primero en su familia en terminar el bachillerato y también en graduarse de la universidad, para luego ir al seminario. Hoy en día, no solamente está procurando ser un buen padre para sus hijos sino que ha fundado una escuela cristiana en los barrios pobres del centro de Chicago, para ayudar a educar y hacer la función de padre en otros niños.

Mi propio papá nunca conoció a su padre, pues murió cuando mi papá tenía apenas un año de edad. Debido a que su mamá se vio obligada a salir a trabajar para sostener a la familia, él fue enviado a vivir con una tía. Cuando la tía quedó embarazada con su propio hijo, entonces él fue enviado a la casa de la cuñada de su tía. Fue aquí que cayó en los brazos de su Padre Celestial. Bernice Lewis ("B"), quien había tenido varios abortos espontáneos, lo recibió con gran ternura y amor, permitiéndole superar los traumas de la infancia y llegar a ser un hombre exitoso. Acostumbraba a salir corriendo de la escuela rumbo a la casa, cuando los otros niños comenzaban a burlarse, exclamando: "No tienes mamá. No tienes papá." Cuando llegaba a la casa se abrazaba de las piernas de B y decía. "Tú eres mi mamá, ¿verdad?" Ella con mucho afecto, cariñosamente respondía: "Sí, yo soy tu mamá", y lo encaminaba hacia el Padre Celestial.

Como niño, yo me beneficié del cuidado que el Padre Celestial tuvo de mi padre. Un día, en su infancia, vio a una niña pelirroja y le dijo a B: "Vamos a conseguirnos una como esa." Ella vaciló un poco, así que mi papá insistió en que le dijera a Papá Willie (su esposo) que les comprara una. Ella le explicó que esa no era la manera de conseguir niños y que debía de pedírsela a Dios en oración. Unos cuantos años después, montó en su bicicleta para ir al hospital que se encontraba a 20 millas de distancia, para ir a conocer a su nueva hermana, Sylvia, quien resultó ser pelirroja. Dios le había dado a B un bebé, y ella fue una maravillosa hermana para mi padre y posteriormente una maravillosa tía para mí.

C.S. Lewis, quien ha influenciado al mundo cristiano con sus escritos, no tuvo una situación paternal ideal. Su padre galés, quien era conocido por sus arranques temperamentales, lo envió a una escuela-internado en Inglaterra cuando tenía 10 años de edad. Separado de sus padres durante estos años de formación, llegó a conocer el amor de su Padre Celestial. También desarrolló una relación padre/hijo con un hombre que había vivido un siglo antes, George MacDonald, quien fungió como su padre por medio de sus escritos y con la sabiduría que había aprendido de su propio padre.

Es fundamental que cada uno de nosotros reflexione en su propio peregrinar con ojos de fe y la sabiduría de Dios. Conforme respondas de manera correcta al singular legado que Dios te ha dado, ya sea trágico o dichoso, Dios usará esto para abrir tus ojos a la revelación de Sí mismo—el único Padre perfecto. Es mi oración, que Dios use la Sección Cuatro para ayudarte a meditar en las pruebas de tu legado, y que Él pueda usar todo el libro para ayudarte a ver la verdad de nuestro maravilloso Dios, quién es la fuente de toda bendición; inclusive del don del cuidado paternal.[1] Que Dios haga una obra profunda en ti, de manera que muchos otros puedan también beneficiarse conforme hagas la obra de un médico del alma.

---

1. Para una mayor perspectiva acerca de cómo reflexionar en tu pasado, ve la obra de Ken Canfield, *The Heart of a Father*. (Chicago, Moody Press 2006). Para dar un vistazo a los atributos del Padre Celestial, ve mi libro *Viviendo la Vida que Dios ha Planeado* (Chicago, Moody Press 2001) p. 83-154.

Capítulo cuatro

Desarraigando las mentiras de Satanás acerca de Dios y encontrando a la pareja perfecta

La historia podría titularse: "El Relato de Dos Matrimonios." El primer matrimonio fue una pesadilla. El esposo ponía exigencias continuas sobre la esposa. Ella vivía bajo la carga de esas continuas expectativas, las cuales ella nunca podía cumplir. Él no le proporcionaba ninguna ayuda, apoyo, ni aliento para cumplir con esas demandas. La esposa solamente recibía regaños y desaprobación cada vez que fracasaba. Un día murió su esposo y la fiel esposa, aunque se afligió, también sintió gran alivio. Años después apareció otro hombre que conquistó su corazón y se casaron. Él era muy rico y generosamente compartía todos sus recursos con ella. Ella le amaba de todo corazón, pero su amor era tan sólo una débil respuesta al amor constante de su marido. Él vivía de acuerdo con el voto solemne que había hecho de amarla continuamente, de serle fiel, de nunca dejarla ni abandonarla, y de permitirle ser una mujer fructífera y productiva.

Cuando uno se convierte en cristiano, queda libre de estar casado con la ley, por medio de su participación en la muerte de Cristo, y entra en una relación matrimonial con Cristo por medio de participar en Su resurrección. Esta es la clara enseñanza de Romanos 7:1-6. Sin embargo, en la mente de muchos creyentes hay pensamientos que reflejan su antigua manera de vivir. Fue el reformador alemán, Martín Lutero, quien dijo que muchos creyentes tienen suficiente religión como para sentir culpa por su pecado, pero no la suficiente como para verdaderamente disfrutar su nueva vida en Cristo.

"Fortaleza" es un término que se utiliza para describir un patrón de pensamiento, que le da a Satanás un lugar protegido desde donde puede ejercer su influencia. Necesitamos confiar en Dios para que desarraigue toda mentira que no sea consistente con la verdad liberadora de Dios como se revela en la Biblia. Es cierto que una manera correcta de vivir solamente puede comenzar cuando hay una manera correcta de pensar. Además, una manera correcta de pensar solamente ocurre cuando hay una manera correcta de pensar respecto a Dios.

Tal vez tengamos que tomar la decisión valerosa de rechazar pensamientos que durante años hemos entretenido en nuestra mente, para poder recibir la verdad de ese Dios que nos acoge como Sus amados y quienes le somos muy preciados. Es por esta razón que llama a su pueblo "su herencia" (compare Salmo 94:14, Efesios 1:18).[1] Aquél que es apreciado por Dios debe ver las mentiras malvadas en pensamientos tales como: "No sirvo para nada", "Nunca llegaré a ser alguien", "Nadie jamás me amará." Dios en Su gracia, ha hecho posible que Él pueda inundar a Sus enemigos (Romanos 5:10) con la realidad de Su amor reconciliador por ellos (Romanos 5:5).

La pregunta de "¿Quién eres, Señor?" (Hechos 22:8), necesita ser respondida antes de poder hacer la pregunta: "¿Qué debo hacer, Señor?" (Hechos 22:10). La estrategia más básica de Satanás es distorsionar el concepto o entendimiento que el hombre tiene de

---

1. El creyente en Cristo no solamente tiene una rica herencia porque Dios es su Padre, sino que también los creyentes mismos son llamados herencia de Dios.

Dios. Claramente podemos observar esta estrategia en Génesis 3:1-5, en la primera ocasión en que vemos a Satanás tratando con el hombre. Fue este pensamiento equivocado lo que primero llevó al hombre a rebelarse contra Dios. Debido a que el pecado ha pervertido la manera de pensar del hombre, necesitamos ceder nuestras vidas y mentes, en arrepentimiento y fe al amor de Cristo y a Su verdad liberadora, en vez de tratar de ganarnos el amor de Dios por nuestro actuar.

Es difícil comprender la verdad de que Aquél que conoce todo lo que hemos pensado, dicho o hecho pudiera deleitarse en tener comunión con nosotros. La verdad es que nos ama, no meramente nos tiene lástima. Se deleita en nosotros como lo hace un pintor en su obra maestra. En ocasiones, la interpretación emocional de ciertas experiencias de la vida nos hace sentir menos que amados, apreciados y deleitables. Nuestros pensamientos son: "No me escogieron a mí", "No soy atractivo", "Me dejaron en el estante", y "Nadie jamás me amará". Prueba tus pensamientos por lo siguiente:

Lo que Siento o Pienso de Mí Mismo	Lo que Dios dice de Mí como Cristiano según las Escrituras
Soy indigno e inaceptable.	"Yo los acepto." (Romanos 15:7)
Estoy solo.	"Viviré en ti y nunca tendrás que estar solo como lo estuve yo cuando morí en la cruz por ti." (Gálatas 2:20; Hebreos 13:5-6)

Lo que Siento o Pienso de Mí Mismo	Lo que Dios dice de Mí como Cristiano según las Escrituras
No soy especial para nadie ni amado.	"Eres una persona muy especial para Mí y continuamente estoy pensando en ti." (Salmo 139:17-18)
No tengo lo que se necesita para ser exitoso en la vida.	"Estoy continuamente dedicado a ti y proveeré todo lo necesario para que puedas cumplir Mi propósito para ti." (Romanos 8:31-32, 38-39)
Me siento totalmente responsable por mi vida.	"Te he adoptado en Mi familia y cuidaré de ti, te guiaré, te disciplinaré y te desarrollaré en un hijo Mío." (Gálatas. 4:5-6, Romanos 8:14)
Siento desesperación al pensar en el futuro.	"Tengo un futuro maravilloso para ti, en el que experimentarás gozo y satisfacción por toda la eternidad." (Romanos 8:18)

Lo que Siento o Pienso de Mí Mismo	Lo que Dios dice de Mí como Cristiano según las Escrituras
Temo el poder de Satanás sobre mi vida.	"He vencido a Satanás, y conforme te sometas a Mi amorosa autoridad podrás experimentar libertad." (Santiago 4:7, 1 Juan 4:4)
No puedo superar mis hábitos pecaminosos.	"Envié a Mi Hijo para liberarte del poder del pecado, y eres un ganador y ahora puedes vivir en Mi fuerza." (Romanos 6:11-13)
No tengo dirección ni planes para mi vida.	"Tengo un plan singular de buenas obras para que lo lleves a cabo." (Efesios 2:10)
No estoy calificado para cumplir con el plan de Dios como otras personas que conozco.	"Mi plan es singular para ti, porque nadie más tiene tus atributos físicos, crianza, talentos y habilidades ni siquiera tus debilidades particulares." (Salmo 139:13-16)
No creo que pueda seguir adelante.	"Continuaré obrando en ti porque Mi gloria está de por medio." (Filipenses 2:13; Salmo 22:3)

Lo que Siento o Pienso de Mí Mismo	Lo que Dios dice de Mí como Cristiano según las Escrituras
No soy atractivo y temo el fracaso.	"Te haré una persona sumamente atractiva a Mis ojos y Te permitiré cumplir Mi plan conforme me presentes tu vida." (Romanos 8:29; 12: 1-2)

Puesto que estamos bajo el amoroso mandamiento de Dios de "no tener dioses ajenos delante de Él" (Éxodo 20:3), usemos esto como base para una oración de fe. Pide al Señor que desarraigue toda idea en tu mente que no sea verdadera y digna de Él. Cree, que Él puede ayudarte a reconocer estas mentiras de una manera en que puedan ser rechazadas y reemplazadas con Su verdad liberadora. La siguiente es una oración que he compartido con miles de personas. Aunque no hay nada mágico en las palabras, cada concepto en la oración es algo que todos podemos creer que Dios hará:

> *Dios, quiero conocerte por encima de toda otra cosa en la vida. Necesito la motivación, el aliento y la sabiduría para saber cómo; pero lo deseo y quiero desearlo aún más. ¡Creo que Tú podrás superar todo obstáculo y lograrás esto en mi vida!*
>
> *Por causa de tu nombre y para mi beneficio eterno, Amén.*

Cree que Dios hará esto y también confía en que Él hará de ti un instrumento para alentar a otros a que también crean que Dios puede hacer esto mismo en sus vidas.

 # Capítulo Cinco

Experimentando un nuevo nivel de honestidad e intimidad con Dios

Un día, un alumno al que llamaré Tom, espontáneamente compartió conmigo una lección muy profunda que había aprendido. Él había estado luchando con un hábito impío y me comentó cómo le había pedido a Dios que lo librara, sin obtener resultado alguno. Un día, un hombre de Dios con discernimiento entró en su vida y de una manera cordial le hizo la pregunta: "¿Por qué le estás pidiendo a Dios te libre de esta esclavitud impía, cuando realmente no quieres que Él conteste tu oración?" Tom quedó completamente devastado porque esa era la pura verdad. Me dijo que una de las cosas más humillantes que había hecho, era haber ido delante de Dios y decirle que amaba ese hábito impío y que realmente no quería ser librado de él. ¿Sabes qué más compartió conmigo? ¡Pues, que ese fue el principio del proceso de romper con ese hábito impío!

Fue este testimonio lo que me ayudó a entender Hebreos 4:15-16:

> *Porque no tenemos un sumo sacerdote que no pueda compadecerse de nuestras flaquezas, sino uno que ha sido tentado en todo como nosotros, pero sin pecado. Por tanto, acerquémonos con confianza al trono de la gracia para que*

> *recibamos misericordia, y hallemos gracia para la ayuda oportuna. (Hebreos 4:15-16)*

Siempre me había parecido asombroso que Dios me dijera a **mí** que me acercara confiadamente a **su** trono de gracia. Mi problema era el siguiente: Cómo hago esto cuando estoy pensando en algo equivocado y tengo una actitud equivocada, y además, sé que tengo una mala actitud. El verbo en este pasaje significa "venir con libertad." Este alumno "vino con libertad" y "se acercó confiadamente" cuando compartió su corazón con Dios. Él experimentó la promesa de este versículo y recibió misericordia y comprensión compasiva en su debilidad. ¡También halló gracia y una nueva motivación y capacidad para tratar con su problema! Dios nunca honra el engaño, ni siquiera el engaño espiritual.

¿Con quién te sientes libre para ser totalmente transparente y honesto respecto a tu vida? En 1994 dos americanos respondieron a una invitación del Departamento de Educación de Rusia para enseñar moral y ética bíblica en las escuelas públicas, en las prisiones y en los negocios. En una ocasión, hablaron en un gran orfanato operado por el gobierno. En esa reunión, más de cien niños y niñas que habían sido abandonados y abusados fueron expuestos al mensaje de Cristo.

Conforme compartían los dos misioneros, los huérfanos escucharon por primera vez la historia tradicional de Cristo. Mientras hablaban, por medio de interpretes, acerca del viaje de José y María a Belén y del nacimiento de Jesús en el pesebre, tanto los niños como el personal del orfanato estaban atentos sentados en la orilla de sus asientos y trataban de asimilar cada palabra mientras escuchaban con gran asombro. Después del relato, a cada niño se le dieron piezas de cartón para armar un pesebre, papel que había sido cortado de servilletas amarillas para poner en el pesebre representando paja, un trozo de franela recortado de un viejo camisón de dormir para que lo utilizaran como la cobija del bebé y un bebé de juguete. Los huérfanos con entusiasmo armaron su escena del pesebre. Mientras los misioneros se paseaban por el cuarto viendo quién necesitaba ayuda, se percataron que Misha, de seis años de edad, había terminado totalmente su proyecto. Al revisarlo todo parecía bien hasta que uno de los misioneros descubrió que había dos bebés en el pesebre. Rápidamente llamó a su intérprete para ofrecer volver a contarle la historia a Misha. Aunque Misha había escuchado la historia una sola vez, él pudo repetir todos los acontecimientos de la historia con gran exactitud hasta que llegó a la parte en que María puso al niño Jesús en el pesebre. Misha comenzó a improvisar y a elaborar su propio final a la historia. Dijo: "Y cuando María puso al bebé en el pesebre, Jesús me miró y me preguntó que si tenía dónde quedarme. Le dije que no tenía papá ni mamá, así que no tenía dónde quedarme. Entonces Jesús me dijo que podía quedarme con Él. Pero le dije que no podía, porque no tenía ningún regalo que llevarle como lo hicieron todos los demás. Pero tenía tantas ganas de quedarme con Jesús. Así que pensé en qué cosa tenía yo que tal vez pudiera usar como regalo. Pensé que tal vez si pudiera mantenerlo calientito, ese sería un buen regalo. Así que le pregunté a Jesús: 'Si te mantengo calientito, ¿sería ese un buen regalo?' Y Jesús me dijo, 'Si me mantienes calientito, ese sería el mejor regalo que puedo recibir.' Así que me metí en el pesebre, luego Jesús me miró y me dijo que podía quedarme con él... para siempre."

Misha terminó la historia, sus ojos derramaban lágrimas que corrían por sus pequeñas mejillas. Puso sus manos sobre su rostro e inclinó su cabeza hasta la mesa donde sollozó tan fuerte que sus hombros temblaban. Misha había encontrado a alguien con quien podía tener una amistad íntima, alguien que nunca lo iba a abandonar ni iba a abusar de él. Alguien que se quedaría con él, ¡SIEMPRE! ¡Este es Aquél con quien puedes tener una relación completamente honesta e íntima! En el contexto de esta intimidad amorosa, tu alma y las almas de aquellos a quienes ministras pueden encontrar motivación y sanidad.

Capítulo Seis

Deleitándote al sentirte comprendido cuando oras

La iglesia cristiana se ha beneficiado grandemente de la vida y ministerio de Joni Erickson Tada. La vida de esta muchacha, joven, hermosa y atlética fue radicalmente cambiada un día en que se lanzó un clavado en un lago y se estrelló contra una roca. Quedó paralizada a causa de ese accidente y ahora es una cuadriplégica. Su testimonio ha alcanzado al mundo entero por medio de la película de su vida, los libros que ha escrito, y su programa de radio, así como también por medio de sus compasivos programas de ayuda a los necesitados.

Se puede decir que Dios obtiene sus victorias en medio de la aparente derrota. En su nueva condición, Joni se sintió tan desesperada que hasta les rogó a algunas amigas que le dieran algunas píldoras para que se pudiera suicidar. La negativa de sus amigas la hizo caer en una desesperación mayor, pues ella misma estaba incapacitada para quitarse la vida. Su existencia miserable la llevó a la amargura. Pero algo sucedió una noche que transformó su vida y la convirtió en la cristiana hermosa y radiante que es hoy en día.

Una noche Cindy, la mejor amiga de Joni, la estaba visitando; confiando en que el Señor pudiera de alguna manera animarla. Súbitamente y de manera espontánea exclamó: "Joni, Jesús sabe cómo te sientes. Tú no eres la única persona que ha sufrido parálisis. ¡Él mismo también quedó paralizado!" Joni respondió: "¿De qué estás hablando?" "Es cierto. Es cierto, Joni. Recuerda, Jesús fue clavado en la cruz. Su espalda tenía la carne viva expuesta por los azotes, como se pone tu espalda por las llagas. Oh, Él seguramente deseaba poder moverse y cambiar su postura, redistribuir su peso de alguna manera, pero no se podía mover. Joni, Él sabe cómo te sientes."

Este fue el principio de la superación de los obstáculos para Joni, cuando comprendió la verdad de este concepto. Nunca había pensado en eso antes. El Hijo de Dios había experimentado esa sensación punzante que atormentaba su cuerpo. El Hijo de Dios entendía la impotencia que sufría. Posteriormente Joni expresó: "Dios llegó a estar increíblemente cerca de mí. Había visto la gran diferencia que el amor mostrado por mis amigos y mi familia había tenido en mí. Comencé a comprender que Dios también me amaba."[1] Es de gran valor cuando uno se da cuenta que Dios no solamente sabe y se preocupa por nosotros sino que también entiende completamente por lo que estamos pasando. Cristo no es un "sumo sacerdote que no pueda compadecerse de nuestras flaquezas, sino uno que ha sido tentado en todo como nosotros, pero sin pecado" (Hebreos 4:15). Por esta razón, se nos exhorta a acercarnos "con confianza al trono de la gracia, para que recibamos misericordia y hallemos gracia para la ayuda oportuna" (Hebreos 4:16).

En nuestros momentos de desesperación, desánimo, soledad o de cualquier otro tipo de tentación, podemos, ya sea, convertir esas tentaciones en conversaciones con Dios o podemos intentar mitigar nuestro dolor con el placer temporal del pecado; el cual acarrea sus amargas consecuencias. Las Escrituras dan testimonio

---

1. Yancey, Where is God When It Hurts (Grand Rapids, Zondervan), 118-119.

de algunos que han sido grandemente usados por Dios, a pesar de que habían sufrido un profundo desánimo y que, ¡hasta querían morir! Después de que Jonás predicó el avivamiento en Nínive, su enojo ante la compasión de Dios por sus enemigos, lo llevó al punto de la desesperación (Jonás 4:3). La asombrosa victoria del valiente Elías en el Monte Carmelo sobre los profetas de Baal, fue seguida por tal temor ante las amenazas de Jezabel, que hasta le pidió a Dios que le quitara la vida (1 Reyes 19:1-4). Hasta nuestro Salvador, quien nunca pecó, en su perfecta humildad se vio tan afligido ante la perspectiva de la cruz, que se vio tentado a preferir la muerte para no tener que vivir y llevar a cabo los deseos de su Padre. Nuestro triunfante y compasivo Salvador se identifica con nuestro sentir, y desea ministrar a nosotros su comprensión de nuestra situación apremiante. Sigue el ejemplo del salmista al derramar tu corazón a Dios:

> *Mis lágrimas han sido mi alimento de día y de noche, mientras me dicen todo el día: ¿Dónde está tu Dios? Me acuerdo de estas cosas y derramo mi alma dentro de mí, de cómo iba yo con la multitud y la guiaba hasta la casa de Dios, con voz de alegría y de acción de gracias, con la muchedumbre en fiesta. ¿Por qué te abates, alma mía, y por qué te turbas dentro de mí? Espera en Dios, pues he de alabarle otra vez por la salvación de su presencia. (Salmo 42:3-5)*

Tom White, quien dirige un ministerio para la iglesia perseguida, habla de la comprensión y compañerismo del Hijo de Dios en medio de las circunstancias más adversas, cuando escribe: "Cuando estaba siendo juzgado en Cuba por causa del evangelio, con una ametralladora apuntando a mi espalda, el fiscal se burlaba de mí. Le conté acerca de Hebreos 12:1, que menciona a una nube de testigos a mi alrededor. Antes del juicio me habían puesto en una celda fría, especial, sin mobiliario, sin cobijas y sin luz. Por arriba de la puerta entraba una corriente de aire frío.

Había sido despojado de toda pertenencia. Comencé a cantar himnos y coros de alabanza. Los guardas se enojaron y golpearon la puerta de acero con sus puños. No me sentía abandonado ni solo. En 2 Corintios 6:12 se nos dice que podemos no tener nada, sin embargo, poseerlo todo. Yo tenía comunión con el Creador de todo."[2]

Hay una presión insoportable cuando uno piensa que está solo. Jesús sufrió nuestro castigo y la maldición de ser separado del Padre cuando murió para darnos la promesa de su presencia continua.

> *Su Maldición:* "*Dios mío, Dios mío, ¿por qué me has desamparado?*" *(Mateo 27:46).*

Nuestra Bendición: "No te desampararé, ni te dejaré" (Hebreos 13:5).

En toda situación en la vida y ministerio, habrá alguien contigo quien comprenda por lo que estás pasando. ¿Por qué no te deleitas, en este mismo momento, en ese Dios que comprende todo lo que sucede en tu vida?

---

2. Jesus Freaks, dcTalk and The Voice of the Martyrs (Tulsa, Okla.: Albury, 1999), 13.

Capítulo Siete

Regocijándote en el corazón reconciliador de Dios cuando vienes a él en oración

El Dios que rige al mundo nunca se desespera mientras lleva adelante Sus planes eternos y amorosos. Se le describe como un Dios de paz (Romanos 15:33). Sin embargo, ¡hay una ocasión en la que se le describe como teniendo prisa! Se le representa corriendo a restaurar y a reconciliar a Su pueblo descarriado. (Lucas 15:20).

La historia del hijo pródigo es también la historia del padre reconciliador. Se presenta al padre como esperando ansiosamente el regreso de su hijo desenfrenado y rebelde. ¡El padre compasivo salió corriendo a encontrarse con su hijo, lo abraza y besa aun antes de que el hijo expresara su confesión y arrepentimiento (Lucas 15:20-21)! El Señor Jesucristo presenta al padre como un representante de Dios que se regocija por el corazón arrepentido de su hijo y celebra la restauración de la relación.

Una historia moderna que es un paralelismo de la historia anterior es el relato de un joven llamado Sawat:

> *Sawat había afrentado a su familia y deshonrado el nombre de su padre. Había llegado a Bangkok para escapar el fastidio de la vida en la aldea. Había encontrado muchas*

cosas emocionantes, y mientras prosperaba en su estilo de vida vergonzoso, también aumentaba en popularidad.

Recién llegado había visitado un hotel como ninguno otro que jamás había visto. Cada habitación tenía una ventana grande que daba hacia el pasillo, y en cada cuarto estaba sentada una muchacha. Las mayores le sonreían y se reían. Otras, de tan solo doce o trece años o aun menores, se veían nerviosas y hasta atemorizadas.

Esa visita inició a Sawat en el mundo de la prostitución de Bangkok. Comenzó como un juego inocente pero pronto se vio atrapado como un trozo de madera en la corriente de un río caudaloso. Esa fuerza era demasiado poderosa y vertiginosa para él, y la corriente demasiado fuerte.

Pronto se encontró vendiendo opio a clientes, y ofreciéndose a los turistas en los hoteles. Cayó tan bajo que hasta ayudaba a comprar y vender jovencitas, algunas de ellas de tan solo nueve o diez años de edad. Era un negocio sucio, y él era uno de los "hombres de negocios" jóvenes más importantes de la localidad.

Pero un día se le cayó el fondo a su mundo. Le tocó una racha de mala suerte. Le robaron, y cuando se esforzaba por llegar otra vez a la cima, fue arrestado. Se corrió el rumor en el mundo del hampa que él era un espía de la policía. Acabó viviendo en una casucha a un lado del basurero municipal.

Sentado en su casucha, se acordó de su familia, especialmente de su padre, un cristiano sencillo de una aldea del sur cerca de la frontera con Malasia. Se acordó de las palabras de despedida de su padre: "Te estaré esperando." Se preguntaba si su padre todavía lo estaría esperando después de todo lo que había hecho, pues había deshonrado el nombre de la familia. ¿Le darían la bienvenida en su casa? La noticia del estilo de vida de Sawat hacía tiempo había llegado a oídos de todos en la aldea de su padre.

Finalmente, se le ocurrió un plan.

"Amado Padre," escribió, "Quiero regresar a casa, pero no sé si me recibirás después de todo lo que he hecho. He pecado grandemente, Padre. Por favor perdóname. El sábado por la noche estaré en el tren que pasa por el pueblo. Si todavía me estás esperando, ¿podrías atar un trozo de tela blanca al árbol Po que está frente a la casa? (Firmado) Sawat."

Mientras viajaba en el tren, iba reflexionando acerca de lo que había sido su vida durante los últimos meses, y sabía que su padre tenía todo el derecho de rechazarlo. Conforme el tren finalmente se acercaba al poblado, se agitaba internamente con gran ansiedad. ¿Qué haría si no había un trozo de tela blanca atada al árbol?

Sentado frente a él estaba un forastero amable quien había notado lo nervioso que se había puesto su compañero de viaje. Finalmente, Sawat no pudo aguantar más la presión y en un torrente de palabras le contó su historia al pasajero. Cuando el tren comenzó a atravesar la aldea, Sawat dijo: "Oh señor, no me atrevo a mirar. ¿Puede usted mirar por mí? ¿Qué si mi padre no me quiere volver a recibir?"

Sawat enterró su rostro entre sus rodillas. "¿Lo puede ver, señor? Es la única casa con un árbol Po."

"Joven, su padre no ha colgado una pieza de tela. ¡Mire! ¡Ha cubierto todo el árbol con tela!" Sawat apenas lo podía creer. Las ramas estaban cubiertas con pequeños cuadros de tela blanca. En el patio de en frente su anciano padre brincaba de gusto, y agitaba un trozo de tela blanca, luego corrió junto al tren hasta la estación. Cuando el tren se detuvo, echó sus brazos sobre el cuello de su hijo y lo

abrazó mientras lloraba lágrimas de gozo. "¡Te he estado esperando!" exclamó.[1]

No basamos nuestra teología ni nuestro concepto de Dios en nuestra experiencia ni en la experiencia de alguien más. Sin embargo, aunque nuestra teología debe estar fundamentada únicamente en la Palabra de Dios, también debe ser aplicada a nuestras experiencias. Dios es quien responde a un corazón arrepentido. Cristo hasta anticipó y predijo la negación del apóstol Pedro, y al mismo tiempo oró por él y anticipó que Dios lo restauraría. Satanás intentará convertir un fracaso en una vida de fracasos, pero Dios desea algo distinto:

Simón, Simón, mira que Satanás os ha reclamado para zarandearos como a trigo; pero yo he rogado por ti, para que tu fe no falle; y tú, una vez que hayas regresado, fortalece a tus hermanos. (Lucas 22:31-32)

Una vez que la persona ha confesado y abandonado su pecado, Dios está deseoso de restaurarlo. Esto no significa que no haya consecuencias por nuestros pecados, pero sí quiere decir que el Señor nos dará la oportunidad de renovar y afirmar nuestro amor por Él (Juan 21:15-17). A un corazón arrepentido Dios es aun capaz de obrar para bien, su pecado pasado (Romanos 8:28). Mientras que un corazón no arrepentido puede abusar grandemente de esta verdad, un corazón arrepentido necesita desesperadamente ser perdonado, consolado y reafirmado. Si esto no sucede, la persona arrepentida puede ser consumida "de demasiada tristeza" (2 Corintios 2:7).

En Santiago 4:4 Dios se refiere a sus hijos infieles como, ¡almas adúlteras! La invitación que Él hace a aquellos que lo han

---

1. Floyd McClung, The Father Heart of God (Eugene, Ore.: Harvest House, 1985), 111-114.

abandonado y hecho su enemigo es: "Acercaos a Dios, y Él se acercará a vosotros" (Santiago 4:8). Dios es la persona más reconciliadora con la que jamás tendremos una relación. ¡Ven a Él hoy!

> *El que encubre sus pecados no prosperará; mas el que los confiesa y los abandona hallará misericordia. (Proverbios 28:13)*

Capítulo Ocho

Experimentando libertad del temor al hombre a través de la oración

Un sábado por la noche había regresado de un viaje de tres semanas al Medio Oriente y había sido un tiempo glorioso. Pero, aún más glorioso que ese viaje fue la Escritura que el Señor iluminó a mi espíritu el siguiente domingo por la mañana. Estando en mi apartamento en Wheaton, Illinois. 1 Corintios 9:19 saltó de la página, cuando leí las siguientes palabras:

> *Porque aunque soy libre de todos, de todos me he hecho esclavo para ganar a mayor número. (1 Corintios 9:19)*

La frase en este versículo que me impactó, no fue que debo ser siervo o esclavo de todos. Eso ya lo sabía, aunque debo confesar que no era muy buen siervo. Fue la verdad acerca de ser "libre de todos," lo que el Espíritu de Dios enfatizó ese domingo por la mañana. De hecho, dio inicio a una jornada espiritual, en la que me pasé un año pidiéndole a Dios que me enseñara lo que esta verdad implicaba para mi vida. Después de un año de buscar a Dios llegué a las siguientes conclusiones:

Implica la Libertad de no Permitir que las Expectativas de Otros sean el Señor de tu Vida.

El apóstol Pablo exhortó a la iglesia a imitarlo a él, así como él imitaba a Cristo. Cristo tenía la libertad de detenerse y pasar tiempo con el Padre aun cuando las multitudes demandaban su presencia y ministerio (Marcos 1:35-38). Si uno ama a Dios genuinamente, también amará a las personas. Sin embargo, es una teología equivocada la que requiere que uno ame al mundo más que a Dios. Hay una diferencia entre tomar decisiones sabias basadas en nuestro conocimiento de la voluntad de Dios, y tomar decisiones que se basan únicamente en las demandas de otras personas. Escuchen este análisis de la descripción humorística, pero a veces verídica, de los apuros de un pastor:

El pastor de una iglesia se encuentra en una situación difícil, ¡no puede complacer a todos! Se ha dicho:

- Si es joven, le falta experiencia; si ya tiene canas entonces está muy viejo para los jóvenes.
- Si tiene varios hijos, tiene demasiados; si no tiene hijos, pone un mal ejemplo.
- Si predica de sus apuntes, predica sermones enlatados y es muy seco; si no usa apuntes, es porque no ha estudiado y no es profundo.
- Si pone atención a los pobres en la iglesia, dicen que lo hace para verse bien; si pone atención a los ricos, está tratando de convertirse en un aristócrata.
- Si sugiere cambios para mejorar la iglesia, es un dictador; si no hace sugerencias, es simplemente una figura decorativa.
- Si usa demasiadas ilustraciones, está descuidando la Biblia; si no usa suficientes ilustraciones, no es claro.
- Si condena lo que está mal, es un gruñón; si no predica en contra del pecado, no tiene principios.
- Si predica la verdad, es muy ofensivo; si no predica la verdad, es un hipócrita.

- Si fracasa en complacer a alguien, está dañando a la iglesia y debe irse; si trata de complacer a todos, es un tonto.
- Si predica acerca del dinero, es un codicioso; si no predica acerca de la generosidad cristiana, está fallando en instruir a los hermanos.
- Si maneja un automóvil viejo, avergüenza a la iglesia; si maneja un automóvil de modelo reciente, tiene su corazón en las cosas del mundo.
- Si predica todo el tiempo, los hermanos se cansan de escuchar siempre al mismo hombre; si invita a otros predicadores, está evadiendo su responsabilidad.
- Si recibe un sueldo elevado, es un mercenario; si recibe un sueldo relativamente bajo, bueno, pues eso confirma que realmente no vale gran cosa.

—Autor Desconocido

Como David Hansen sabiamente ha dicho, "Lo que debe morir en todo pastor es ese deseo subconsciente de agradar a la gente. Lo que no debe morir es el deseo de amar." La libertad de Pablo le llevó a ser un siervo de la gente mientras servía al Señor. Fue por esta razón que dijo, "Si todavía agradara a los hombres, no sería siervo de Cristo" (Gálatas 1:10). Como dijo P.F. Forsyth, "El ministro ideal debe amar y comprender a la gente, pero debe conocer y amar más la voluntad y la palabra de Dios."

La libertad de no permitir que las expectativas de otros sean lo que gobierne nuestra vida, nos libera para experimentar la gracia de la oración y del ministerio, confiando en que el Señor satisfará los deseos más profundos de nuestro corazón, conforme nos dejamos guiar por Él. Esto nos provee de tiempo para que el Señor cuide de nosotros y nos mantenga refrescados. Tanto los "sí" como los "no" están dentro de la voluntad de Dios. Anne Lamott dio el siguiente consejo a una generación que se graduaba del seminario: "No queremos que hablen de que este es el día que hizo el Señor y de que debemos gozarnos en él y disfrutar de su belleza y de la emoción del momento, cuando secretamente andan de aquí para allá como un conejo. Necesitamos que anden como se debe andar, y necesitamos que anden un poco más despacio."

Implica la Libertad de no Permitir que la manera en cómo Responden las Personas sea la base de tu gozo en el Señor.

Cuando aquella mujer amorosamente derramó su costoso perfume sobre Jesús como un acto de servicio sacrificial, ¿cuál fue la respuesta de la gente? Lo consideraron un desperdicio y la reprendieron:

> *Pero algunos estaban indignados y se decían unos a otros: "¿Para qué se ha hecho este desperdicio de perfume? Porque este perfume podía haberse vendido por más de trescientos denarios, y dado el dinero a los pobres." Y la reprendían. (Marcos 14:4-5)*

¿Cuál fue la respuesta de nuestro Señor?

> *Pero Jesús dijo: "Dejadla; ¿por qué la molestáis? Buena obra ha hecho conmigo. Porque a los pobres siempre los tendréis con vosotros, y cuando queráis les podréis hacer bien; pero a mí no siempre me tendréis. Ella ha hecho lo que ha podido; se ha anticipado a ungir mi cuerpo para la sepultura. Y en verdad os digo: Dondequiera que el evangelio se predique en el mundo entero, también se hablará de lo que ésta ha hecho, para memoria suya." (Marcos 14:6-9)*

La respuesta del hombre con frecuencia nos dice que la oración y el ministerio son un desperdicio. Necesitamos aprender a escuchar al Señor, quien encuentra deleite en las oraciones de los rectos (Proverbios 15:8) y nos dice que nuestro trabajo en el Señor no es en vano (1 Corintios 15:58).

Jesús sintió un gran amor, por un hombre joven que un día vino a Él, y le preguntó acerca de cómo obtener la vida eterna. Para ayudarlo a entender que su dios era su dinero, y para hacerle ver su necesidad de arrepentimiento, el Señor amorosamente le hizo ver cuál era su verdadero obstáculo:

> *Jesús, mirándolo, lo amó, y le dijo: "Una cosa te falta: ve y vende cuanto tienes, y da a los pobres, y tendrás tesoro en el cielo; y ven, sígueme." (Marcos 10:21)*

El hombre se afligió ante el gran amor de Jesús:

> *Pero él, afligido por estas palabras, se fue triste, porque era dueño de muchos bienes. (Marcos 10:22)*

Jesús no determinaba el éxito de Sus acciones por la respuesta del hombre, sino más bien por la respuesta de Su Padre celestial. En el momento de mayor crisis en Su vida terrenal, el Señor escogió a tres de sus compañeros más cercanos para que oraran con Él, en el jardín de Getsemaní. Los encontró durmiendo (Marcos 14:37), luego todos huyeron y le abandonaron (Marcos 14:50). Sin embargo, Su Padre celestial permaneció a Su lado, y lo preparó y lo posibilitó para Su muerte inminente. Él te puede sostener aun cuando tus compañeros más cercanos te decepcionen.

La mujer que ungió a Jesucristo tuvo que tomar una decisión: podía escuchar los reclamos y las murmuraciones contra ella, o poner atención a la afirmación de Jesús. Cristo también tuvo que escuchar la evaluación que su Padre celestial hizo de su ministerio cuando su amor no era correspondido con respuestas de aprecio. Esto lo posibilitó para decir:

> *"Yo te glorifiqué en la tierra; habiendo terminado la obra que me diste que hiciera." (Juan 17:4)*

La gracia de Dios te puede facultar para que seas exitoso de esta manera, y para que seas de ayuda para el verdadero éxito de otros.

Somos libres de estar sujetos a que la respuesta del hombre sea lo que determine nuestro gozo en el Señor. Esta libertad nos capacita para amar a otros de una manera responsable y también nos permite discernir los límites de esta responsabilidad. Como Romanos 12:18 lo declara:

> *Si es posible, en cuanto de vosotros dependa, estad en paz con todos los hombres.(Romanos 12:18)*

Un amigo a quien aprecio, compartió conmigo la frustración que sentía cada vez que pasaba tiempo con un hombre mayor a quien respetaba bastante. Él decía: "Me parece que nunca está complacido con lo que digo o hago. Siempre me retiro sintiéndome tan incapaz de poder algún día complacerlo o animarlo." La mentira que tenía que rechazar era: "Soy responsable de hacer feliz a este hombre." Tenía que ser reemplazada con: "Soy responsable de ser un canal por dónde pueda fluir el amor de Dios para este hombre. Deseo que responda, pero su respuesta está fuera de mi control." La gracia de Dios nos conduce al éxito y a la libertad en nuestro vivir delante de Dios.

Aquél que es libre está posibilitado para tomar riesgos amorosos en su trato con otros. El apóstol Pablo tenía una enorme capacidad para establecer relaciones. La seguridad que un creyente en Cristo puede conocer es que aun si el hombre nos falla, ¡el Señor no nos fallará!! Escuchemos el testimonio de Pablo:

> *En mi primera defensa nadie estuvo a mi lado, sino que todos me abandonaron; que no se les tenga en cuenta. Pero el Señor estuvo conmigo y me fortaleció, a fin de que por*

mí se cumpliera cabalmente la proclamación del mensaje y que todos los gentiles oyeran. Y fui librado de la boca del león. El Señor me librará de toda obra mala y me traerá a salvo a su reino celestial. A Él sea la gloria por los siglos de los siglos. Amén. (2 Timoteo 4:16-18)

Al reformador alemán Martín Lutero le hicieron la siguiente pregunta: "¿Dónde estaría si todos sus seguidores lo abandonaran?" Su respuesta fue: "Estaría justamente en las mismas manos de Dios." Puesto que ninguno de nosotros realmente está en competencia con alguien más, ¿estarás dispuesto a hacer la siguiente oración? "Señor, hazme el hombre o la mujer más libre sobre la faz de la tierra. Guíame a la libertad de vivir delante de ti y de ser guiado por ti como mi Amo generoso y amable." Pide que seas usado por Dios para ayudar a muchos otros a experimentar esta misma libertad. Los siguientes capítulos pueden ser el principio de la respuesta a esta oración.

Capítulo Nueve

Experimentando la libertad de vivir delante de Dios

Hace unos centenares de años, un consumado pianista europeo dio un concierto en un prestigioso recinto musical, ante miles de personas. Después de que ejecutó una de sus piezas famosas, el público oyente se puso de pie. Su aplauso estruendoso llenó la sala de conciertos. Posteriormente se le preguntó, cómo se había sentido al escuchar tal aplauso. La mayoría esperaba que dijera que había sido la experiencia más grande de su vida. Pero respondió: "Me gustó el aplauso, pero no fue lo más importante para mí. Después de que la concurrencia se hubo sentado, noté que mi maestro por treinta años estaba sentado en la esquina superior de la galería. Me miró y asintió con la cabeza en señal de aprobación. Ese asentir con su cabeza produjo en mí, más placer que la ovación de pie de miles de personas."[1]

El pianista había aprendido a vivir delante de una audiencia de una sola persona. El Señor Jesucristo manifestó este empeño, cuando declaró: "Y El que me envió está conmigo; no me ha dejado solo, porque yo siempre hago lo que le agrada" (Juan 8:29).

---

1. S.J. Hill, Enjoying God (Lake Mary, Florida: Relevant Books, 2001), 70.

¿Puedes imaginar la libertad que pudiera venir a tu vida si logras captar un vislumbre de Dios y comienzas a vivir tu vida para Él? Escuché a David Bryant comentar, que la iglesia tiene la gente y los recursos para evangelizar a todo el mundo más de mil veces. El pueblo de Dios necesita experimentar la libertad en Cristo para que su amor pueda ser derramado a través de ellos en un servicio verdadero.

Richard Foster ha escrito acerca de la diferencia entre un servicio auto-justificante y un servicio verdadero.[2] Enseguida intento resumir algunas de estas diferencias:

FALSO	VERDADERO
La planeación frenética es energía de la carne.	Tranquilidad de espíritu como respuesta a los impulsos del Espíritu Santo.
Necesita la atención humana	No teme ser el centro de la atención pero tampoco busca serlo; está contento con la aprobación de Dios.
Excesivamente preocupado por los resultados.	Se deleita en el servicio, y es capaz de servir tanto a sus enemigos como a sus amigos según Dios le guíe.

---

2. Richard Foster, Celebration of Discipline (San Francisco: Harper and Row, 1978), 112.

FALSO	VERDADERO
"Realiza" actos de servicio de manera insensible	Su estilo de vida es el servicio, siendo sensible al Espíritu Santo y al momento oportuno.
Trata de hacer que la gente se sienta endeudada con él	Construye relaciones basadas en la libertad mutua.

Cuando el amor de Dios comienza a controlarnos, la pasión que nos inunda se desbordará en aquellos que nos rodean. Aquél que es instruido y guiado por el Espíritu comenzará a amar como Dios ama. Ríos de agua viva comenzarán a fluir a través de aquél que lleva su corazón necesitado, solamente al Señor, para saciar su sed (Juan 7:37-39).

Tal manera de vivir delante de Dios comenzará a afectar nuestro matrimonio y otras relaciones cercanas. Conforme vivimos delante de Dios, el Señor puede extender Su amor, aceptación y libertad a otros. Nos capacita para regocijarnos en las diferencias, intereses y éxitos de otros. También nos da una libertad correcta con respecto a la otra persona, para que no tratemos de hacer todo por ella, ni que tomemos una responsabilidad indebida por su felicidad. Tal libertad evita que reaccionemos de manera indebida a sus sentimientos y reacciones, y nos permite vivir amorosamente delante del Señor. Esta libertad nos permite disfrutar de una verdadera intimidad, al trabajar, jugar y servir a Dios con otros. También nos provee la oportunidad para hablar de nuestras diferencias, expresar nuestros sentimientos y experimentar apoyo emocional.

La libertad de vivir delante de Dios transformará y purificará la motivación en el liderazgo espiritual. Un verdadero líder espiritual no insistirá en sus derechos ni intentará controlar a otros, más bien insistirá en su responsabilidad de equipar a otros para que confíen en Dios. Este tipo de líder está más interesado en el quebrantamiento y en la actitud del corazón delante de Dios, que en las actividades externas y la conformidad del grupo. Un verdadero líder espiritual no enfatizará la singularidad de "su" grupo sino más bien la importancia de la unidad de todo el cuerpo de Cristo. Dios obra a través de tales líderes para crear un entorno de amor, confianza, servicio y sentido de pertenencia, porque son incluidos en decisiones importantes. Un ambiente de preocupación mutua, afirmación, paz y gratitud a Dios es visto como la fuente de todo.

En esta libertad de vivir delante de Dios, debemos enfrentar la realidad de que aunque las relaciones humanas son vitales en nuestras vidas, no nos pueden dar el amor que deseamos y necesitamos. En medio de todas nuestras relaciones necesitamos aprender a beber de Cristo, la fuente de todo verdadero amor (Juan 7:37). Proponte confiar en Dios, para que no dejes este capítulo sin colocarte a ti mismo sobre el altar de Dios, y para que le pidas que haga lo que sea necesario para guiarte a esta gloriosa libertad. Deja que Él te ame en tus momentos de culpa, temor e ira. Él te conoce a ti y a mí, y envió a Su Hijo a morir por nosotros. Podemos confiar en que va a honrar Su nombre, al guiarnos en la libertad de la gracia de la oración, que Jesús compró para nosotros en la cruz. Permitirle a Dios que haga su obra en ti es el primer paso para permitirle que obre en ti como un médico del alma.

# Capítulo Diez

Viendo las consecuencias de no experimentar el deleite de Dios

Aceptación en Cristo por Gracia

Mientras consideres la verdad de la aceptación en Cristo por gracia, sólo como algo bonito, es que realmente no la has comprendido. No es solamente algo bonito; es absolutamente necesario. El fallar en comprender esta verdad, lleva a vivir bajo la motivación del miedo, el temor al rechazo y al fracaso. Esto es lo que motiva a la mayoría de las personas a las que buscas ministrar.

Pídele a Dios que te muestre esas cosas en tu vida que haces o que no haces, que dices o que no dices; que surgen de un temor al rechazo. Dios en Su gran bondad te puede mostrar por qué es que quieres niños bien portados, por qué quieres una mejor casa o un mejor automóvil, por qué trabajas horas extras o por qué mantienes limpia y aseada tu casa o el patio. Toda adicción malsana tiene su raíz en la falta de entendimiento de esta verdad.

Jesús provee amor y aceptación para ti, y Su Espíritu da testimonio de la realidad de este amor a tu espíritu, para que puedas descansar en Él. Todos anhelan escuchar, "Este es mi Hijo amado en quien me he complacido." Necesitamos esta afirmación que el Padre expresó respecto al Hijo. En Cristo tenemos esta afirmación; ¡el Padre nos ama con la misma intensidad con la que ama a Su Hijo! (Juan 17:23). Su amor por ti es tan intenso ahora mismo como lo fue por Cristo cuando estaba muriendo en la cruz por ti. Su amor es eterno e inmutable, y puedes descansar en él.

Cuando descansas en este amor y te enfocas en él, quedas libre para hacer y alcanzar las tareas que Dios tiene para ti. Un padre no puede disciplinar a sus hijos con la debida ternura y firmeza, si busca que ellos le provean de la aceptación que solamente puede encontrarse en Dios. Los esposos y las esposas no pueden cumplir el deseo de Dios para con el otro, si tratan de encontrar en su pareja el amor y la aceptación que necesitan. Un hombre puede ser un excelente esposo pero siempre será un pésimo dios. Una mujer puede ser una magnífica esposa pero siempre será un pésimo dios. Un trabajo puede ser un medio legítimo para recibir la provisión de Dios y para servirle, pero siempre será un pésimo dios. Únicamente Dios, ninguna persona, posición o posesión, puede satisfacer la sed de nuestro corazón: el ser amado y aceptado.

Muchos creyentes están encadenados a hábitos pecaminosos en sus vidas, porque para poder experimentar la libertad que Cristo da, necesitan humillarse delante de otro, confesar su esclavitud y pedir ayuda. Es el temor a lo que la otra persona pueda pensar o decir, lo que los mantiene encadenados. Otros fallamos en ser testigos efectivos de Cristo, debido a nuestro temor a qué pensará la gente de nosotros si les hablamos del Señor. Hay otros que persiguen el materialismo y hacen compras innecesarias para satisfacer la sed de sus corazones vacíos, que realmente anhelan ser satisfechos con el amor de Cristo.[1]

---

1. Estoy agradecido con Del Fehsenfeld por su mensaje, The Fear of Man

John Regier es un consejero bíblico en Colorado Springs. Él cuenta la historia de una pareja que se casó cuando ambos estaban en la universidad, luego fueron al seminario y posteriormente entraron al pastorado. Diane había crecido en un hogar con un padre alcohólico y una madre dominante. Había aprendido a manejar sus sentimientos de rechazo guardándolos en su interior y tratando de enterrarlos como lo había hecho su madre dominante. Mark había crecido en el hogar de un abogado exitoso, quien tenía grandes expectativas para su hijo. Mark sentía que nunca hacía nada bien ante los ojos de su padre, pero estaba decidido a mostrarle a su padre que podía ser un hombre de éxito.

Mark dedicaba largas horas a su ministerio, pues visitaba a las personas, las aconsejaba en sus necesidades y procuraba preparar excelentes mensajes. Las palabras de su papá constantemente resonaban en su mente: "Hijo, siempre serás un fracaso; nunca podrás hacer algo bien." Su más grande anhelo era probar que su padre estaba equivocado.

Diane se sentía frustrada porque su esposo ya no tenía tiempo para estar en casa. Ella encausaba su energía a los hijos y comenzó a distanciarse de Mark. Su esposo seguía trabajando duro, y conforme la iglesia crecía, comenzó a pensar que a lo mejor ya estaba demostrando que su padre estaba equivocado.

Mark y Diane asistieron a una conferencia en donde se capacitaron para ayudar a parejas a resolver sus problemas matrimoniales. En el proceso se dieron cuenta: ¡de sus propias dificultades! Diane comprendió que tenía sepultados en su corazón esos sentimientos de rechazo, causados por sus padres y que tenía amargura hacia su esposo por trabajar en exceso. Mark comenzó a darse cuenta de que su motivación para ser exitoso estaba controlando su vida y destruyendo su relación con el Señor y con su familia. Comprendió su necesidad de perdonar a su padre por haberle dicho que sería un fracasado, y entendió su presión por obtener resultados que eso había ocasionado. Ahora Mark comprendía que había dañado mucho a su esposa, y con lágrimas de arrepentimiento le pidió perdón. Ella le pidió perdón a él por su actitud de crítica y comenzó a experimentar un crecimiento en unidad con su esposo. Mark regresó a su trabajo con una nueva perspectiva. Comenzó a enfocarse en amar a su esposa y a las personas que Dios había puesto bajo su cuidado, ya no en "sus" metas que demostrarían que era un hombre exitoso. Sus mensajes comenzaron a salir del corazón y la bendición de Dios se veía claramente en su vida, familia y ministerio.

¿Cuál es la responsabilidad más importante que Dios ha dado a Su creación? Según las enseñanzas de Jesús, es la de responder a Su amor y la de amarlo con todo nuestro ser (Mateo 22:37-39). La Biblia deja en claro que cualquier comunicación, don espiritual, conocimiento y perspectiva, fe milagrosa o servicio sacrificial que no sea motivado por el amor es algo completamente sin valor (1 Corintios 13:1-3). Si el amor es tan esencial, y si nuestro amor es solamente la respuesta a conocer Su amor por nosotros, ¿qué puede ser más importante que conocer el amor que Dios tiene por ti?

Un año le pedí a Dios que me abrumara con Su amor para que yo pudiera responder mejor en mi amor por Él. El ser abrumado con el amor de Dios es reconocer que Él nos ama de una manera en la que nadie más nos puede amar. Todavía tengo las hojas en donde anoté los conceptos que Dios me dio en 1984 respecto a Su asombroso amor. Algunos pasajes que me eran familiares los pude ver con una nueva perspectiva.

¿A quiénes mostró Cristo Su amor, según Romanos 5:6-10? Fue a los "débiles," a los "impíos," a los "pecadores" y a sus "enemigos." Un día de verano en 1984 me "sentí" particularmente "impío" en mis actitudes. También percibí su amor por un hombre impío de una manera en la que nunca lo había percibido antes. Muchas veces me he sentido "débil" y he experimentado el amor de Dios por mí en ese estado de debilidad. Si Dios nos amó de esta manera cuando éramos Sus enemigos, ¿acaso nos obligará a "portarnos bien" para poder darnos de Su amor ahora que ya hemos sido reconciliados y somos Sus amigos?

Cada vez que veía un pasaje que me mostraba mi responsabilidad de amar, preguntaba: "¿Cómo es que el Señor me amó primero de esta manera?" Por ejemplo, Proverbios 17:9 dice: "El que cubre una falta busca afecto, pero el que repite el asunto separa a los mejores amigos." Razoné, "Gracias Señor que de gracia me ofreces Tu perdón porque estás buscando construir una relación de amor." Si Dios continuamente "sacara nuestros trapitos al sol", nunca podríamos disfrutar de una relación íntima con Él. Dios desea que lo imitemos en nuestras relaciones con otros, y que en amor ofrezcamos perdón en vez de recordarles a los demás todos sus fracasos.

Es la aceptación amorosa de Dios la que proporciona al verdadero creyente un lugar de reposo. Entiende esto bien, nunca podemos enfatizar de más esta verdad de la aceptación amorosa de Dios, que nos trae reposo. Es un fundamento absolutamente necesario para el desarrollo de la vida cristiana. Nunca encontrarás el amor, la comprensión, el aprecio o la afirmación que necesitas fuera de Cristo, quien es el dador de todo regalo bueno y don perfecto. Él es mejor que el mejor de los hombres (Romanos 5:7-8). Cuando estás pasando por dificultades, puedes descansar en este amor, mientras clamas a Él. Cuando te sientas deficiente, puedes descansar en Su amorosa suficiencia. En cualquier circunstancia puedes descansar en Su santo amor.

De cualquier trasfondo que vengas y donde quiera que te encuentres hoy, podrás encontrar restauración en los brazos amorosos del Señor del universo. Su amor puede convertirse en tu deleite y Él puede satisfacer tu alma sedienta. En el amor del Señor Jesucristo puedes hallar "descanso para **tu** alma." ¿Será este el día en que estés siendo impulsado en tu corazón para venir a Dios y pedirle que te abrume con su amorosa aceptación, y para entrar en una profunda experiencia de la gracia de la oración? Confiar en Dios para que haga esto en ti es el paso más importante para llegar a ser un canal para que Su amor fluya a otros y seas un médico del alma efectivo.

Capítulo Once

Siendo ambicioso para recibir el don del reposo de Dios

La historia de María y Martha, en Lucas 10:38-42, no está relacionada cronológicamente con los relatos anteriores y posteriores. La colocación inspirada de este relato encantador es temática, no cronológica. La compasión amorosa y espontánea que vemos en la historia anterior del Buen Samaritano es el fruto de ese espíritu reposado que el Señor alaba en María. El espíritu afanado de Martha ahoga esta amorosa compasión. La comunión reposada es precisamente la actitud que da a luz el deleite en Dios cuando oramos (Lucas 11:1-13). Por otro lado, un espíritu apresurado es la muerte de la oración. Jesús miraba a las personas y se identificaba con lo que sentían en su estado de preocupación y ansiedad. Los invitaba a venir a Él y que compartieran en lo que llamaba "descanso para vuestras almas" (Mateo 11:29). ¡Este es el descanso que en Su gracia te está ofreciendo el día de hoy! Es un don de Dios que le traerá gran placer cuando te vea a ti disfrutando de Su gracia. Innumerables personas darán gracias a Dios por ti, por toda la eternidad, si te tomas el tiempo de aprender de Cristo sobre este don.

No es solamente un descanso de la culpa del pecado y la esperanza de vivir con Dios en el cielo por toda la eternidad, en un ambiente de perfecta paz; sino que también es un reposo en esta vida presente en medio de todos tus conflictos, estrés y pruebas. Es un "reposo" que hace posible una vida de amor para otros; es un genuino deleite en Dios en oración, y una vida con una trascendencia eterna. Cuando uno se hace el propósito de descubrir este don, uno está escogiendo verdaderamente "la buena parte" (la cual no nos puede ser quitada [Lucas 10:42]), y estará experimentando la gracia de Dios.

En una ocasión, se me pidió que fuera uno de los oradores para una serie especial de reuniones en el Instituto Bíblico Moody. El propósito de las reuniones era motivar a los alumnos a que se involucraran en evangelismo. Para prepararme para esta oportunidad, caminé desde mi oficina a un restaurante y pedí una taza de café. Con mi Biblia abierta, lápiz y papel sobre la mesa busqué a Dios, procurando discernir qué es lo que Dios quería que dijera. Me encontraba bastante inquieto por mi deseo de recibir algo de dirección, de manera que comencé a voltear y ver a algunos de los otros clientes que se encontraban en las mesas a mí alrededor. En mi estado de ansiedad me percaté que no sentía ni la más ligera compasión por sus almas, a pesar de que estaba considerando dar un mensaje inspirador sobre el evangelismo. Curiosamente fue en ese momento en el que Dios me dio dirección acerca de qué hablar, trayendo a mi mente un versículo de la Escritura.

Una Ambición Honorable

¿Cuáles son tus ambiciones? ¿Qué es lo que quieres lograr en esta vida? Al creyente en Cristo se le exhorta a cultivar la ambición de vivir una vida tranquila y pacífica (1 Tesalonicenses 4:11). Este es el versículo que el Señor trajo a mi mente ese día en el restaurante. La palabra griega en este versículo que se traduce por *"tengáis por vuestra ambición"* se utiliza dos veces más en el Nuevo Testamento, y se refiere a la aspiración personal de Pablo de agradar al Señor (2 Corintios 5:9) y de predicar el evangelio donde nunca había sido predicado (Romanos 15:20).

En una ocasión, uno de mis alumnos escribió la siguiente cita en una hoja de papel y me la dio. La única documentación que tenía era que había sido escrita por un santo en el siglo 16. Lean una porción de ella, pues tiene relevancia para el mundo de hoy.

> *Esfuérzate en ver a Dios en todas las cosas sin excepción, y acepta su voluntad con absoluta sumisión. Haz todo para Dios, uniéndote tú mismo a Él por una visión más elevada, o por el rebosar de tu corazón para con Él. Nunca lleves prisa; haz todo calladamente y con un espíritu tranquilo. No pierdas tu paz interior por absolutamente nada, aun si todo tu mundo parece trastornarse. Encomienda todo a Dios, y luego permanece quieto y reposa en su pecho. Pase lo que pase, permanece inalterable en tu determinación de aferrarte sencillamente a Dios, confiando en Su amor eterno por ti; y si te das cuenta que has deambulado de Su refugio, llama a tu corazón de regreso callada y sencillamente. Mantén una simplicidad y pureza de mente, y no te asfixies con una gran cantidad de cuidados, deseos o anhelos, bajo ningún pretexto. (Fuente desconocida)*

A primera vista la aspiración a una vida de paz puede parecer egocéntrica, irreal e improductiva. Sin embargo, la ambición de procurar una vida de paz es consistente con agradar a Dios (2 Corintios 5:9), y con ser un conducto de Su amor para otros (Romanos 15:20). Jesús llamó a esta honorable ambición de procurar una vida reposada, "buena" y es lo que conduce a resultados eternos (Lucas 10:42). La ausencia de esta paz lleva a la distracción, a dudar del cuidado de Dios y a un espíritu exigente (Lucas 10:40-41). Por estas cosas vino la amorosa represión del Señor, que es similar a Su amable mandamiento: "Por nada estéis afanosos" (Filipenses 4:6).

¿Estarás dispuesto a permitir que Dios escudriñe tu corazón y que te muestre cualquier preocupación o cuidado que no hayas puesto sobre Él? Dios no se limita a dar el mandamiento, "Por nada estéis afanosos," sino que nos enseña cómo procesar esta ansiedad con oración. Ahora mismo, habla con Dios acerca de la ansiedad, dile lo que quisieras que Él hiciera al respecto, y no te olvides de agradecerle el que gustosamente esté dispuesto a llevar tus cargas.[1] Que tengas como propósito vivir una vida que obedezca plenamente 1 Pedro 5:7, "echando toda vuestra ansiedad sobre él." Que Dios obre poderosamente a través de ti, inclusive en tu debilidad, para ayudar a muchos otros a que experimenten este reposo en sus almas.

---

1. Para un desarrollo más a fondo de esta idea, vea mi libro: *Una Jornada Hacia la Oración Victoriosa*. (Chicago: Moody Press, 2003) pgs. 177-185.

# Capítulo Doce

Comprendiendo nuestra necesidad de la provisión de Cristo para liberar nuestras vidas

David Seamonds relata la siguiente historia de un ministro piadoso:

> Hace algunos años recibí una llamada telefónica de la esposa de un ministro amigo mío, pidiéndome que aconsejara a su marido, quien acababa de sufrir una crisis nerviosa grave. Mientras conducíamos hacia el hospital, me comenzó a hablar de él. "Es que no puedo entender a Bill. Es como si tuviera dentro de él a un capataz que no le da reposo. No puede relajarse; no puede disminuir el ritmo. Siempre está trabajando. Los hermanos lo aman y harían cualquier cosa por él, pero no se los permite. Ha continuado con este ritmo de trabajo por tantos años que finalmente ya no pudo más."
>
> Comencé a visitar a Bill, y cuando ya se sintió mejor como para hablar, me compartió acerca de su hogar e infancia. Conforme iba creciendo, deseaba en gran manera agradar a sus padres. Trataba de ganarse la aprobación de su madre ayudando ocasionalmente a poner la mesa antes de alguna comida. Pero ella decía: "Bill, pusiste los cuchillos

del lado equivocado." Después se quejaría de los platos para la ensalada. Nunca la podía agradar. También por más que se esforzaba, nunca lograba agradar a su padre. Si llevaba a casa el reporte de las calificaciones con noventas y ochentas, su papá miraba el reporte y decía: "Bill, pienso que si te esforzaras podrías seguramente obtener puros noventas, ¿no crees?" De manera que estudiaba todavía más, hasta que un día llevó a casa puros noventas. Papá dijo: "Bueno, pero seguramente sabes que si tan sólo te esforzaras un poco más podrías obtener puros cienes." De manera que trabajó y se esforzó durante uno o dos semestres, hasta que finalmente logró sacar puros cienes. Estaba tan emocionado; ahora Mamá y Papá seguramente estarían muy complacidos con él. Corrió a casa, pues quería enseñarles a sus papás las calificaciones. Papá miró la tarjeta de calificaciones y dijo: "Te han de haber tocado maestros muy fáciles; de esos que a todos les ponen cien."

Cuando Bill llegó a ser un ministro, todo lo que hizo fue cambiar a una mamá y un papá por cientos de ellos: su congregación se convirtió en sus padres imposibles de agradar. Nunca los podía agradar, no importaba lo que hiciera. Finalmente, se desplomó ante el enorme peso de luchar por aprobación y de tratar de demostrar su valía.[1]

Un día, un amigo de la universidad se acercó a mí y espontáneamente me comunicó la siguiente perspectiva acerca de él mismo, cuando dijo: "Puede ser que no tenga una norma moral tan elevada como la tuya; pero ni siquiera puedo cumplir con la mía. ¿Por qué querría convertirme en cristiano y adoptar tus normas, que solamente van a hacer que me sienta más condenado?" Le respondí tratando de explicarle las preciosas

---

1. David Seamonds, *Healing for Damaged Emotions*, (Wheaton: Victor, 1981), 16-17.

verdades del reposo que hemos estado explorando en los capítulos anteriores.

La Necesidad de la Meditación

Hay una diferencia entre conocer mentalmente una verdad, y descansar en esa misma verdad. Es probable que Bill, en la ilustración inicial, reconocía y hasta predicaba la verdad que veremos en este capítulo. Puede ser que hasta asegurara a otros de que esto era verdad, pero ciertamente no estaba descansando en ella. Jesús habló acerca de que sus palabras debían permanecer o vivir en nosotros (Juan 15:7). Romanos 8:16 se refiere al Espíritu Santo testificando juntamente con el espíritu del creyente, de la verdad de que Dios es su Padre y él es un hijo de Dios. Pablo oró que los creyentes en Colosas fueran llenos o controlados por la verdad de Dios (Colosenses 1:9).

En esta época de "explosión de la información", casi nos podemos "ahogar" por la cantidad de conocimiento al que constantemente estamos expuestos, y de alguna manera, esta cantidad excesiva de información estorba en el proceso de comunicación. Así tambièn, es muy difícil poder comunicar, de manera efectiva, verdades espirituales que no son una realidad en nuestras propias vidas (Juan 15:7), y que tampoco nos llenan ni controlan (Colosenses 1:9). Por esta razón, Juan Wesley, el líder metodista, instruyó a sus hombres: "No salgan a predicar hasta que 'sepan' que sus pecados han sido perdonados." La meditación en las Escrituras permite al Espíritu Santo iluminar nuestras mentes y reenfocar nuestras emociones.[2]

---

2. En mi libro *Viviendo la Vida que Dios ha Planeado—Una Guía para Conocer la Voluntad de Dios*, Moody Press, comento cómo desarrollar el hábito de la meditación en la vida, páginas 162-167.

Entendiendo Nuestra Verdadera Condición

Cuando reconocemos nuestro pecado y rebelión contra Dios, y nos volvemos por fe a Cristo, entramos en una relación de pacto con Dios. Entramos en lo que las Escrituras llaman el Nuevo Testamento. Este pacto fue inicialmente dado a los creyentes en la nación de Israel y puede encontrarse en pasajes como Ezequiel 36. Dios ha hecho pactos o solemnemente ha prometido hacer ciertas cosas por Su pueblo que viene a Él con fe. Una de estas promesas se encuentra en Ezequiel 36:25, "Entonces os rociaré con agua limpia y quedaréis limpios; de todas vuestras inmundicias y de todos vuestros ídolos os limpiaré." Esta ilustración de limpieza describe el perdón por gracia de Dios, que nos permite ser aceptados perfectamente por un Dios amoroso y santo.

Recuerdo la gran lucha que una hermana, que era esposa de un pastor, estaba teniendo respecto a su pecado pasado. Ella finalmente abrió su corazón a un amigo mío a quien aprecio mucho, y él la pudo ayudar bastante. Ella le dijo: "Vengo a la iglesia semana tras semana y me siento tan indigna que no puedo adorar a Dios. Las otras personas son dignas, pero yo no. Cada vez que quiero adorar a Dios viene a mi mente el recuerdo del bebé que aborté." Él le respondió: "Realmente estás en una situación mucho peor de lo que piensas." Tal vez te preguntes, "¿Y eso de que manera le ayudó?" Él le señaló que estaba siendo controlada por el pensamiento: "Si no tuviera ese aborto en mi pasado, sería digna de adorar a Dios." Mi amigo le mostró lo mucho que estamos destituidos de las normas santas de Dios. El pecado es la transgresión o infracción de la ley, según 1 Juan 3:4.

- ¿Siempre has amado a Dios por sobre todas las cosas?
- ¿Alguna vez habrás buscado a otra persona u otra cosa en vez de a Dios para satisfacer los deseos de tu corazón? (Esto es idolatría.)

- ¿Alguna vez has fallado en honrar el nombre o la reputación de Dios?
- ¿Alguna vez has fallado en honrar a tus padres?
- ¿Alguna vez te has enojado con alguien y lo has odiado? (La Biblia llama a esto asesinato Mateo 5:21-22.)
- ¿Alguna vez te has robado algo? (Un bolígrafo, el tiempo de tu patrón, etc.)
- ¿Alguna vez has mentido?
- ¿Alguna vez has expresado descontento y has codiciado lo que otro tiene?

Dios en Su perfecta santidad tiene que castigar el pecado y manifestar Su ira. Si eres culpable de haber violado un mandamiento, eres un infractor de la ley y eres culpable de todos (Santiago 2:10). Si comparas tu vida con la de Adolfo Hitler, puede ser que te sientas muy bien contigo mismo. Sin embargo, si con toda honradez te ves a ti mismo a la luz de la santidad de Dios, podemos concluir que somos "idólatras" y estamos "sucios."[3] Únicamente hasta que nuestras bocas guarden silencio es que podremos ver las soluciones que Dios ofrece (Romanos 3:19-20).

La Provisión de la Amorosa Aceptación y Deleite de Dios

Jesucristo vino a la tierra y llevó sobre sí mismo nuestra justa condenación. Su muerte fue el pago suficiente por nuestros

---

3. Estoy muy agradecido con Ray Comfort por su enseñanza, en la que claramente ha comunicado cómo la ley moral de Dios deja al descubierto el pecado del hombre.

pecados, y es lo necesario para librarnos de la ira de Dios y conducirnos a experimentar el amor, la aceptación y el deleite de Dios. Esta apreciada esposa del pastor, encontró libertad y alivio en la promesa del pacto de Dios, de limpiarla de toda inmundicia e idolatría. En su mente conocía la verdad, pero ahora comenzó a descansar en ella.

El apóstol Pablo declaró enfáticamente que él era ministro de este Nuevo Pacto (2 Corintios 3:5-6), y esta promesa en el pacto de la amorosa limpieza dada originalmente a Israel tiene definitivamente aplicación a todo creyente en Cristo. Cada persona que reconoce su pecado y pone su fe en el Señor Jesucristo deja de estar bajo la condenación de la ira de Dios, y es justificada por gracia y en esa gracia permanece firme (Romanos 5:2).

La base para experimentar la gracia en el ministerio y en la oración consiste en cesar de tratar de encontrar en nosotros mismos, una razón para que Dios nos bendiga. Comprende, que aparte de Cristo, te encuentras en total bancarrota delante de Dios. Humíllate delante de Él y disfruta de lo que nunca podrás ganar o merecer; el ser aceptado por su gracia. Este es el único cimiento aceptable; cualquier otro conducirá a la esclavitud espiritual y finalmente traerá derrota a tu vida.

Sección Dos

La necesidad de tener esperanza en tus luchas—experimentando la gracia de la esperanza en Cristo

Hay una batalla que está ocurriendo en el interior de cada creyente que conozcas y que llegues a conocer. Uno no solamente necesita comprender esta batalla, sino también entender la solución bíblica que hace posible una vida de victoria continua.

Esta sección está diseñada para ayudarte a entender tu identidad en Cristo, en una manera que te permitirá experimentar la esperanza en medio de tus más grandes luchas. ¿Te estás viendo a ti mismo como te ve Dios? ¿Te gustaría ser capaz de guiar a otros para que puedan reemplazar su desesperación con esperanza? ¿Quisieras conocer la manera de superar esas "fortalezas de toda la vida"? ¿Te gustaría superar el aburrimiento y experimentar la verdadera realización?

Esta sección está diseñada para ayudarte en tu jornada, en la que buscas respuestas a estas preguntas en tu vida, y también para equiparte para ayudar a otros en sus propias jornadas.

Capítulo Trece

Edificando sobre el fundamento correcto

Todo creyente contiende con el principio del pecado. Muchos han escogido referirse a este principio como la "naturaleza pecaminosa" del creyente, mientras que otros consideran que esa no es la mejor terminología para describirlo. La Biblia usa el término "carne" y el "pecado que mora en mí." Como quiera que lo llamemos, hay una batalla ocurriendo en el interior de cada creyente. A la luz de esta batalla ¿cómo experimentamos en nuestra vida y cómo guiamos a otros a una experiencia cristiana de victoria?

Es saludable reconocer que esta batalla está relacionada con nuestra "carne." Muchas enseñanzas "cristianas" apelan a que la carne se conforme a ciertos hábitos externos. Sin embargo, el primer paso es reconocer la naturaleza corrupta de la "carne" (ver Romanos 7:18) y pedirle al Señor que te muestre cómo la "carne" procura manifestarse en tu vida. La "carne" es esa capacidad que tenemos para vivir de manera independiente de Dios. Lean las palabras de una publicación llamada "Rasgos de la Vida Egocéntrica":

> *La "carne" o "el yo" está tan arraigada en nuestra manera de pensar que frecuentemente ni siquiera reconocemos su*

presencia. Por si todavía piensas que has escapado de su influencia, hazte las siguientes preguntas.

Alguna vez estás consciente de:

- Un espíritu de orgullo secreto; un sentimiento de enaltecimiento por algún logro que hayas alcanzado, debido a tu buen entrenamiento o apariencia, o debido a tus dones y habilidades naturales; un importante espíritu independiente; inflexibilidad y exactitud.

- Las agitaciones internas que causa la ira o la impaciencia, las cuales para colmo llamas nerviosismo o santa indignación; un espíritu quisquilloso y sensible; una actitud de desagrado cuando te contradicen; un deseo de lanzar palabras hirientes y subidas de tono a otro.

- Querer hacer tu voluntad; un espíritu obstinado, que se rehúsa a aprender de otros; un espíritu contencioso y alegador; expresiones ásperas o sarcásticas; una actitud inflexible y obstinada; un espíritu impulsivo y mandón; una predisposición a criticar y a encontrar fallas cuando te apartas y no te ven; un espíritu irritable y agitado; una disposición que disfruta que le rueguen y le sigan la corriente.

- Temor carnal; un espíritu que teme al hombre; un acobardamiento ante el deber y la represión; justificando tu comportamiento; un acobardamiento ante aquellos con dinero y posición que te impide hacer cabalmente tu deber; un temor a que alguien vaya a ofender a alguna persona prominente y cause que se vaya; un espíritu que compromete sus convicciones.

- Una actitud celosa; un espíritu de envidia escondido en tu corazón; un sentimiento de malestar ante la gran prosperidad y éxito de otro; una predisposición a hablar de las faltas y de las fallas, en vez de hablar de las virtudes y los dones de aquellos más talentosos y apreciados que tú.

- Una actitud engañosa y deshonesta; la evasión o encubrimiento de la verdad; el encubrimiento de tus verdaderas faltas; el tratar de dejar una mejor impresión de ti mismo de lo que realmente eres; falsa humildad; exageración; estirando la verdad.

- Incredulidad; un espíritu de desánimo en tiempos de prueba; falta de fe y confianza en Dios; una predisposición a quejarte y preocuparte en medio del dolor, la pobreza, o de aquello que Dios mande; un sentimiento de ansiedad respecto a que si todo saldrá bien o no.

- Formalidad y frialdad, sin preocupación por las almas perdidas, seco e indiferente; falta de poder con Dios.[1]

La Biblia claramente enseña que es posible para el creyente vivir diariamente en victoria con la fortaleza que Cristo da. ¿Cuál es el fundamento correcto para una vida de oración victoriosa? Es:

A. Deseo — "Tienes que quererlo realmente."

B. Determinación — "Tienes que tener la **determinación** para conseguirlo."

C. Disciplina — "Necesitas disciplinarte para conseguirlo."

El deseo es importante porque Jesús mismo preguntó a un hombre que sanó: ¿Quieres ser sano?" (Juan 5:6)

La determinación es sin lugar a dudas una cualidad que tenía Cristo, como lo demuestran sus mismas palabras: "Mi comida

---

1. *Traits of the Self-Life*, (Saskatoon, Saskatchewan, Canada: Western Tract Missions

es hacer la voluntad del que me envió y llevar a cabo su obra" (Juan 4:34).

La Disciplina es un ingrediente necesario en la vida cristiana, y Pablo habla no solamente de que "golpea su cuerpo" (1 Corintios 9:27) sino también de sembrar para el Espíritu y no para la carne (Gálatas 6:8).

Sin embargo, aunque son muy importantes el deseo, la determinación y la disciplina, no son el fundamento. ¡El fundamento es CRISTO! Es la sencillez de este fundamento lo que causa que muchos tropiecen respecto a la vida cristiana. Un fundamento equivocado puede ocasionar que uno busque la victoria dentro de uno mismo, lo que conduce a la desesperación cuando uno tiene un día difícil.

Para que una persona se pueda convertir, primero necesita darse cuenta de su condición de incapacidad y de completa insuficiencia para salvarse a sí mismo de su situación apremiante. Como vemos en Romanos 3:19 su boca debe cerrarse porque no tiene justificación propia. Reconoce que no ha vivido de acuerdo con la santa Ley de Dios, y merece las consecuencias de la ira eterna de Dios.

Después de que la persona ha reconocido su necesidad, entonces puede ser iluminada para ver lo adecuado y suficiente que es el sacrificio de Cristo. Su muerte y resurrección es **la** respuesta a su necesidad. Cuando uno confía en Jesucristo, ocurren cosas milagrosas. Lewis Sperry Chafer en una ocasión se tomó unas vacaciones con el propósito de estudiar el Nuevo Testamento, para analizar qué es lo que ocurre en el momento de la salvación. ¡Descubrió que hay treinta y tres cosas que ocurren en la vida de la persona que confía en Jesucristo!

Esta misma fe es la que se requiere para vivir la vida cristiana. Uno primero necesita darse cuenta de su completa inhabilidad para vivir la vida que Dios nos ha llamado a vivir. Nuestros enemigos espirituales son demasiado poderosos para nosotros, y las normas son demasiado elevadas para ser alcanzadas por nuestro propio esfuerzo. La **única** respuesta a nuestro dilema es Jesucristo y su obra terminada. Necesitamos confiar solamente en Dios con base en la muerte y resurrección de Cristo. Cuando lo hacemos, el Espíritu de Dios es liberado para trabajar en y a través de nuestras vidas. La misma fe que ejercimos en el momento de la salvación inicial es la fe necesaria para vivir la vida cristiana. ¡El objeto de esta fe es Jesucristo y su obra terminada (Colosenses 2:6)!

Como papá primerizo que acababa de descubrir que Dios había creado milagrosamente a un pequeñito en el vientre de mi esposa, con entusiasmo busqué a Dios para aprender cómo embarcarme en esta nueva jornada. Recibí algunos consejos "inusitados" de cómo hablarle al bebé y leerle pasajes de las Escrituras, mientras estaba aún en el vientre de su madre. Leí algunas cosas asombrosas acerca de la vida del bebé aún no nacido, inclusive cómo situaciones a las que son expuestos mientras están en el vientre serán cosas por las que después de nacido tendrán predilección. No sabíamos si esto era cierto o no, pero Penny y yo pensamos que seguramente no le haría ningún daño, así que tratamos de seguir este consejo. Día tras día le leía la Biblia al "pequeño" (así le decía); le leí libro tras libro de las Escrituras.

El ejercicio de leerle las Escrituras al bebé, trajo una serie de beneficios inmediatos. Primeramente, después de haber estado hablándole por nueve meses, cuando nace, sientes como que estás conociendo a un viejo amigo. En segundo lugar, aprenden a reconocer tu voz, pues su oído se desarrolla para el cuarto mes. En la sala de partos del hospital, el monitor fetal conectado al bebé indicaba que el latido de su corazón se estaba elevando bastante. Cuando le dije, "Todo está bien pequeño, todo está bien," el latido de su corazón en este caso, ¡disminuyó!

Una noche mientras me disponía a leer el evangelio de Lucas al "pequeño," surgió en mi mente un destello intuitivo. Pienso que fue la respuesta a mi oración de muchos años, de entender mejor lo que significa estar "en Cristo." Inmediatamente, como por instinto, dejé de leer y abrí en Colosenses 3:1-4:

> *Si habéis, pues, resucitado con Cristo, buscad las cosas de arriba, donde está Cristo sentado a la diestra de Dios. Poned la mira en las cosas de arriba, no en las de la tierra. Porque habéis muerto, y vuestra vida está escondida con Cristo en Dios. Cuando Cristo, nuestra vida, sea manifestado, entonces vosotros también seréis manifestados con Él en gloria. (Colosenses. 3:1-4)*

El destello intuitivo que me "golpeó" fue que la idea de estar "en Cristo" no debe ser un misterio para nosotros. Todas nuestras vidas comenzaron dentro de otra persona. La vida de cada persona comienza en el vientre de su madre. Además, tampoco debe ser difícil entender el concepto de que las acciones de la persona en la que estamos viviendo dentro, tengan un efecto práctico en nosotros. Todos nosotros lo experimentamos dentro de nuestra madre. Cuando nuestra madre comía, nosotros nos alimentábamos. Otros estudios asombrosos hasta han descubierto el efecto que las actitudes de la madre tienen en el bebé que lleva dentro.

La Biblia enseña claramente que cuando uno se convierte en cristiano, disfruta de una unión espiritual con Cristo, la cual se describe: como haber sido "bautizado en Cristo Jesús" (Romanos 6:3). El resultado es que las acciones de su muerte y resurrección tienen un efecto práctico en nosotros. Estamos unidos con Cristo en su muerte y resurrección (Romanos 6:5).

¿Cuál es el efecto práctico de estar unidos con Cristo en su muerte? Su muerte no sólo satisfizo la justicia de Dios y liberó al creyente de la culpa del pecado, sino que también lo libera del poder y control del pecado. Nuestro "viejo hombre" o "viejo yo" en Romanos 6:6 se refiere a nuestra vida anterior en Adán, como esclavos del pecado (Romanos 6:17). Por medio de la muerte de Cristo, nuestra vida anterior como esclavos del pecado llegó a su fin, de manera que el control del pecado sobre nuestro cuerpo ha sido eliminado y, ¡ya no tenemos que servir al pecado (Romanos 6:6)!

Es a través de la muerte de Cristo que un creyente "ha muerto al pecado" (Romanos 6:2). La "muerte" en la Escritura siempre habla de algún tipo de separación. La muerte física es la separación del alma del cuerpo; la muerte espiritual es la separación de la vida de una persona de Dios; y la muerte eterna es la separación de la vida de una persona de Dios para siempre. Muerto al pecado habla de estar separado del reino o dominio del pecado y de estar ahora viviendo bajo el reino o dominio de la gracia de Cristo (compare con Romanos 5:21).

El Espíritu de Dios ha bautizado o unido a cada cristiano no solamente en la muerte de Cristo sino también en su resurrección. El efecto práctico de esto se revela claramente. Ahora uno puede vivir una nueva vida de victoria sobre el pecado (Romanos 6:4).

Cuando terminé el bachillerato, me uní a la Fuerza Aérea y un cálido día de julio volé a San Antonio, Texas para iniciar mi entrenamiento básico. Un autobús esperaba a los reclutas en el aeropuerto para llevarnos a la Base Aérea Lackland. La primera persona a la que conocimos en la base fue a nuestro sargento. No nos tomó mucho tiempo darnos cuenta quien sería el jefe durante las siguiente seis semanas. Su palabra era terminante y sus órdenes debían obedecerse totalmente.

¿Cómo sería si volviera a encontrarme con ese sargento, ahora que han pasado más de treinta años? Si comenzara a darme órdenes, tal vez por instinto le haría caso al principio. Sin embargo, no me llevaría mucho tiempo darme cuenta de que ahora tengo una nueva relación con este sargento y que, ¡ya no tengo que obedecer sus órdenes!

El pecado tratará de seguir dándote órdenes e intentará derrotar tus esfuerzos por orar y obedecer a Dios. No le tienes que hacer caso, ahora estás "en Cristo". Su muerte y resurrección han tenido un efecto práctico en tu vida. ¡Su muerte te ha liberado del dominio del pecado y su resurrección te posibilita para vivir una vida nueva! Solamente cuando vivas y ores desde este fundamento vas a experimentar la victoria que Cristo te dio al morir y resucitar. Confía en Dios para que te enseñe prácticamente todo lo que significa estar "en Cristo," y pídele la gracia necesaria para ayudar a otros a conocer esta verdad liberadora.

Capítulo Catorce

Viéndote como quien realmente eres al orar

Jaime Escalante relató una historia acerca de un compañero, maestro de bachillerato, quien un año tuvo dos alumnos en su clase con el mismo nombre "Johnny". Uno era un alumno ejemplar y el otro Johnny era el otro extremo, y se esforzaba muy poco en sus estudios. En la primera reunión del año de padres y maestros, una mamá se acercó con la maestra y le preguntó: "¿Cómo se está portando mi hijo Johnny?" Suponiendo que era la madre del alumno modelo, respondió: "No sabe lo mucho que lo disfruto. Me da tanto gusto tenerlo en mi clase."

Al día siguiente el problemático Johnny se acercó con su maestro y le dijo: "Mi mamá me platicó lo que usted le dijo anoche. Nunca he tenido un maestro que me quisiera en su clase." Después de terminar todo los trabajos solicitados por el maestro en la clase, al día siguiente entregó la tarea completa. En unas cuantas semanas este alumno "perezoso" se convirtió en un alumno trabajador. Su vida cambió porque sintió que ya no era visto como un alumno problema.

En mi propia experiencia personal, mi maestra de cuarto grado tuvo un impacto importante en mi vida académica. A manera de juego mi hermano mayor bromeaba conmigo diciéndome cosas como: "Deberías tomar una pruebas para determinar tu coeficiente de inteligencia, porque se me hace que tienes una cabeza hueca." El único problema con sus bromas era que él no se daba cuenta que yo lo tomaba en serio. También recuerdo las palabras de mi maestra de segundo grado, pues retumbaron por muchos años en mi mente. Una tarde después del receso, esta hermosa dama entró agitada al salón y todo lo que recuerdo son las palabras que dijo: "Apuesto que fue Bill Thrasher quien lo hizo." En esa ocasión yo no había hecho nada pero sus palabras reforzaron en mi mente el concepto de que yo era considerado un alumno problemático.

Con este trasfondo aparece mi maestra de cuarto año, la Sra. Peterson, quien creía en mí y me convenció que podía sacar excelentes calificaciones. ¡Ella transformó mi incipiente vida académica! Se ganó mi corazón y estoy endeudado con ella por haberme dado una visión positiva para mis futuros años escolares.

Dios desea que todo cristiano genuino conozca la verdad acerca de él mismo. Cuando nosotros ponemos nuestra confianza en Cristo, nuestra sujeción y esclavitud a nuestra propia voluntad egoísta (pecado) tiene que terminar. Ahora podemos vivir una vida nueva. **Conocemos** esta verdad de la misma manera que **conocemos** Juan 3:16: Dios lo revela en Su palabra. Cristo murió para darnos libertad tanto de la culpa como del control del pecado.

El primer mandamiento en el libro a los Romanos se encuentra en Romanos 6:11. Se nos dice que debemos vernos a nosotros mismos como ganadores en la esfera espiritual. Dale las gracias al Señor por el ministerio y vida victoriosa que te ha dado por su muerte. ¡Estamos muertos o separados del control del pecado y vivos para **Cristo**! Dios nos pide que adoptemos esta actitud de fe de manera continua. Está basada en los logros de Cristo, y hemos de vernos a nosotros mismos de esta manera, independientemente de cómo nos sintamos o de cuál sea nuestra experiencia pasada.

Puede ser que no nos sintamos como ganadores en la esfera espiritual, y es posible que en nuestro diario vivir hayamos tenido más derrotas espirituales que victorias. De todas maneras, esto no niega la verdad de que hemos sido puestos en una posición de victoria y que ahora somos esclavos de la justicia y ya no esclavos del pecado (Romanos 6:18). Debemos tener la fe de Abraham. A él no le parecía razonable que dadas sus circunstancias, alguna vez pudiera tener un hijo. Sin embargo, creyó la promesa de Dios, y Dios obró milagrosamente en **Su** tiempo (Romanos 4:19-21). Esto es lo que Dios desea para ti.

Escucha otra historia familiar que recibí un día en un correo electrónico; es una conclusión apropiada para este capítulo:

En ese primer día de clases, la maestra, poniéndose de pie frente a su grupo de quinto grado, les dijo a los niños una falsedad. Como la mayoría de las maestras, miró a sus alumnos y les dijo que los amaba a todos por igual, sin embargo, eso era imposible porque en la primera fila estaba sentado un pequeño llamado Teddy Stoddard. La Sra. Thompson había observado a Teddy y se había percatado que no jugaba bien con los demás niños, que sus ropas estaban desaliñadas y que continuamente daba la apariencia de que le hacía falta un baño. Además, Teddy podía ser muy desagradable. Llegó a tal grado, que la Sra. Thompson sentía placer cuando calificaba los trabajos de Teddy con una pluma roja ancha y le ponía tachas grandes y la palabra "reprobado" en la parte superior de la hoja.

En la escuela donde enseñaba la Sra. Thompson, se requería que los maestros revisaran los archivos escolares pasados de cada uno de sus alumnos, por supuesto que dejó la carpeta de Teddy hasta lo último. Sin embargo, al revisar su archivo encontró algunas sorpresas. La maestra de Teddy de primer año había escrito: "Teddy es una brillante sonrisa con la risa a flor de labio. Hace sus tareas con limpieza y orden y tiene buenos modales... es un placer tenerlo en la clase." Su maestra de segundo año escribió: "Teddy es un excelente alumno, muy apreciado por sus compañeros, pero está preocupado porque su madre está desahuciada y la vida en su hogar ahora debe ser muy difícil." La maestra de tercer año escribió: "La muerte de su madre ha sido muy difícil para él. Trata de hacer lo mejor que puede, pero su padre no manifiesta tener mucho interés, y su vida familiar pronto le afectará si no se toman ciertos pasos." La maestra de Teddy de cuarto grado escribió: "Teddy es muy retraído y no muestra interés en las cosas académicas. Tiene pocos amigos y a veces se queda dormido en el salón de clases."

Para entonces, la Sra. Thompson había comprendido cual era el problema y se sintió avergonzada. Se sintió todavía peor cuando sus alumnos le llevaron regalos de Navidad envueltos en papel brillante y con hermosos listones, todos excepto el de Teddy. El regalo de este chico estaba torpemente envuelto con un papel café que obtuvo de una bolsa de supermercado. La Sra. Thompson se esforzó para abrirlo en medio de los otros regalos. Algunos de los alumnos comenzaron a reír cuando sacó un brazalete de diamantes de imitación al que le faltaban varias piedras, y una botella de perfume con solamente la cuarta parte llena de perfume. Pero ella inmediatamente silenció las risas de los compañeros cuando expresó lo hermoso que estaba el brazalete mientras se lo ponía, y enseguida se puso un poco del perfume en la muñeca. Teddy se quedó después de la hora de salida sólo lo suficiente para decir "Sra. Thompson, hoy usted olía como mi madre acostumbraba oler."

Después de que se fueron los niños, lloró por lo menos una hora. Ese día dejó de enseñar lectura, escritura y aritmética, y comenzó a enseñar a los niños. La Sra. Thompson ponía especial atención a Teddy. Conforme ella trabajaba con él, como que su mente comenzó a cobrar vida. Entre ella más lo animaba, más rápido respondía. Para el final del año, Teddy había llegado a ser uno de los niños más listos de la clase y, a pesar de su mentira de que los amaría a todos por igual, Teddy se convirtió en uno de sus favoritos.

Un año después, ella encontró una nota debajo de su puerta. Era de Teddy, donde le decía que ella había sido la mejor maestra que él había tenido en toda su vida. Pasaron otros seis años antes de que recibiera otra nota de Teddy. Ahora relataba que había terminado el bachillerato, tercero en su clase, y que ella seguía siendo la mejor maestra que él había tenido en su vida. Cuatro años después, recibió otra carta donde le decía que aunque las cosas habían sido difíciles por momentos, había permanecido en la universidad y pronto se recibiría con los más altos honores. Le aseguró a la Sra. Thompson que ella seguía siendo su maestra favorita y la mejor maestra que había tenido en toda su vida. Luego pasaron otros cuatro años y recibió todavía otra carta. Esta vez explicaba que después de graduarse de la universidad había decidido estudiar un poco más. La carta explicaba que ella seguía siendo su maestra favorita y la mejor maestra que había tenido en toda su vida. Pero ahora su nombre era un poco más largo. La carta estaba firmada por el Dr. Theodore F. Stoddard.

La historia no termina ahí. Pues, todavía hubo otra carta esa primavera. Teddy decía que había conocido a una chica y se iba a casar. Le explicaba que su padre había muerto hacía un par de años, y quería saber si la Sra. Thompson estaría dispuesta a ocupar en la boda el lugar reservado para la madre del novio. Por supuesto que la Sra. Thompson lo hizo. ¿Y adivinen qué? Llevaba puesto el brazalete, aquél al que le faltaban varios de los brillantes. También se aseguró de ponerse el perfume que Teddy recordaba que usó su madre en la última Navidad en que estuvieron juntos. Se abrazaron, y el Dr. Stoddard susurró al oído de la Sra.

Thompson: "Gracias Sra. Thompson, por haber creído en mí. Muchas gracias por hacerme sentir importante y por hacerme entender que podía salir adelante."

Ya sea que esta historia sea verdad o ficción, de todas formas ilustra una verdad espiritual importante. Cuando permitas que la verdad de lo que Cristo piensa de ti penetre en tu espíritu, entonces, y sólo entonces, podrás verdaderamente experimentar la esperanza que se encuentra en Cristo. ¿Por qué no permitir que Dios te llene hasta rebosar con esta esperanza, para que otros también puedan beneficiarse (Romanos 15:13)?

Capítulo Quince

Orando a la luz de tu libertad

David Seamands cuenta la historia de una pollada de codornices que un granjero en la India llevó a vender al mercado. Después de amarrar un hilo a una pata de cada codorniz, amarró los extremos del hilo a un solo aro, montado sobre un palo, que colocó en medio de las aves. El resultado fue que las crías andaban continuamente en un círculo alrededor del palo. Un día un brahmán que sentía compasión por las lastimosas aves, fue con el mercader y expresó su deseo de comprarlas todas. Por supuesto que el mercader se alegró, pero también se sorprendió cuando el hombre insistió en que cortara todos los hilos para que las codornices fueran dejadas en libertad. Una vez dejadas en libertad, las codornices continuaron marchando continuamente en círculo. Aun cuando las trataban de espantar volvían a juntarse a cierta distancia y continuaban marchando en círculo. Eran libres pero continuaban viviendo, ¡como si todavía estuvieran atadas!

El creyente en Cristo, no ruega ni aboga con Dios para ser liberado, sino más bien alaba a Dios, ¡porque es libre! Esto es contarse, reconocerse o considerarse uno mismo muerto al control del pecado y vivo para Cristo. Es aceptar la verdad de Dios independientemente de nuestras emociones o experiencias pasadas. Piensa en tu lucha más grande, y comienza a alabar a Dios porque Cristo murió y resucitó para hacer posible que puedas honrarle y obedecerle en esta lucha. Dale las gracias, porque Él te guiará hacia la experiencia, que Cristo ha comprado para ti para Su gloria.

Ted Engstrom en su muy útil libro, *La Búsqueda de la Excelencia* narra la historia de un indígena americano quien puso el huevo de un águila en el nido de una gallina de la pradera:

> *El águila empolló y creció junto con los demás polluelos. Toda su vida el águila se comportaba como una gallina de las praderas porque pensaba que era una. Hasta se escuchaba como una gallina de las praderas y volaba tan sólo a unos cuantos metros del piso como lo hacen las gallinas de las praderas.*
>
> *Con el paso de los años el águila envejeció, y un día observó a un ave majestuosa que surcaba los aires muy por encima del suelo, casi sin necesidad de batir sus fuertes alas doradas.*
>
> *"¡Qué hermosa ave!" dijo el águila a su vecino. "¿Qué es?"*
>
> *"Esa es un águila; el rey de las aves," cacareo el vecino. "Pero ni lo pienses, tú nunca podrías ser como él."*
>
> *De manera que el águila nunca volvió a pensar en ello y continuó viviendo como una gallina de las praderas. ¡Qué tragedia es ser **creado** para vivir de cierta manera pero ser condicionado para vivir de una manera inferior! Había sido diseñada para ser el rey de las aves pero en vez de eso se creyó el consejo del vecino: "Tú solamente eres una gallina de la pradera."*

Cuando Dios manda a los creyentes a contarse, reconocerse y considerarse muertos al pecado y vivos para Dios en Romanos 6:11, sencillamente nos está diciendo que adoptemos una actitud de fe respecto a nosotros mismos. Está diciendo, "Considérate ser un águila y no una gallina de las praderas porque, ¡eso es lo que realmente eres!" Por qué no ahora mismo, en la autoridad de Jesucristo, alabas a Dios por quien eres y le pides que te muestre cualquier pensamiento en tu mente que debe ser rechazado para poder ser lleno de su verdad liberadora para entrar en la esperanza que se encuentra en Cristo.

Capítulo Dieciseis

Clamando a Dios para ser liberados del engaño del pecado

Warren Weirsbe contó acerca de una manera astuta, que personas en el Norte de África idearon para atrapar monos. Primero buscan una calabaza, luego hacen un hoyo en la calabaza apenas suficientemente grande para que el mono pueda meter su mano. Después colocan nueces dentro de la calabaza y la amarran a un árbol. Cuando el mono descubre la calabaza, mete su mano y descubre las nueces; pero, el hoyo no es lo suficientemente grande para que el mono pueda sacar su puño lleno de nueces. Todo lo que tiene que hacer es soltar las nueces y podrá escapar sin ningún problema. Pero como se niega a soltar las nueces, lo atrapan. ¿Acaso podrá suceder algo semejante a una persona (hecha a la imagen de Dios) que ha sido libertada por Cristo?

Uno tiene que abrir su mano para soltar todo aquello que lo está haciendo pecar, si es que desea experimentar la verdadera libertad. Uno no puede jugar con el pecado y tener victoria sobre él. El mandamiento amoroso de Dios es no permitir que el rey destronado (pecado) reine otra vez en nuestro cuerpo (Romanos 6:12). Se nos ordena no presentar los miembros de nuestro cuerpo al pecado como instrumentos de iniquidad (Romanos 6:13). Jesús derramó su sangre para permitirte ser un ganador en esas batallas. De hecho eres un ganador, ¡y ganar es obedecer a Dios y experimentar una comunión continua y significativa con Él en oración!

Supón que una noche descubres a un ladrón que está intentando introducirse en tu casa. Cuando le preguntas qué está intentando hacer, te responde que se propone introducirse en tu casa para robarte. ¿Crees que estarías dispuesto a ayudarlo en su actividad? Le dirías: "Me parece que está teniendo dificultades. Espéreme un momento y le traeré una barra y un mazo grande para que no batalle tanto." ¡Tal escenario es impensable!

Cuando el pecado viene tocando a la puerta de tu mente, con engaño esconde la verdad de que es un ladrón. De hecho el pecado es tan engañador que todo creyente necesita de aliento diario para no **endurecerse** por el engaño del pecado (Hebreos 3:13). Los mandamientos de Dios están diseñados para el **bienestar** del hombre; pecar en contra de los caminos sabios de Dios es **causarse daño uno mismo**.

> *Y que guardes los mandamientos del Señor y sus estatutos que yo te ordeno hoy <u>para tu bien</u>. (Deuteronomio 10:13, énfasis agregado)*

> *Pero el que peca contra mí, <u>a sí mismo se daña</u>; todos los que me odian, aman la muerte. (Proverbios 8:36, énfasis agregado)*

Tal vez hablamos muy poco de la naturaleza destructiva del pecado. ¿Acaso el deseo apasionado de Sansón por Dalila hubiera sido diferente si hubiera podido visualizar que le sacarían los ojos, y que sería capturado y humillado por los filisteos? ¿Acaso no hubiera visto David a Betsabé de otra manera si hubiera visualizado la gran devastación, que ese breve momento de placer, iba a traer sobre las futuras generaciones de sus descendientes?

El pecado es un **ladrón** según Jeremías 5:25. El pecado ocasiona la pérdida del gozo verdadero, de la comunión con Dios, de experimentar la plenitud del amor de Dios, de tener confianza, poder espiritual y discernimiento o percepción espiritual. Dificulta nuestra relación con otros y resulta en la pérdida de recompensas espirituales para el creyente y en un infierno eterno para el incrédulo. Si eres cristiano el pecado no te condena, sin embargo, ¡te roba!

Una de las mayores evidencias del poder de Dios es la convicción de pecado que nos hace sentir por gracia, y que nos permite ver la naturaleza engañosa y destructiva del pecado. Durante su reinado, el emperador romano Diocleciano desató una severa persecución contra la iglesia. En agosto de 303 d. C., el emperador asistió a una obra teatral en Roma. La obra tenía como propósito burlarse de los cristianos. Gesenio, uno de los actores, vestido de blanco, cayó al piso y de manera burlesca expresaba su fe en Cristo y su deseo de ser un mártir por su Señor. Mientras la multitud se reía de ese falso bautismo, Gesenio, quien había sido criado en un hogar cristiano, sintió punzadas de convicción. La convicción fue tan fuerte que exclamó: "Quiero recibir la gracia de Cristo para poder nacer de nuevo y ser liberado de mis pecados que han sido mi ruina." Como percibió que la audiencia pensaba que continuaba actuando, dijo: "Ilustre emperador y todos ustedes que se han reído ruidosamente de esta parodia, ¡créanme! ¡Cristo es el verdadero Señor!"

El emperador enfurecido ordenó que Genesio fuera inmediatamente torturado. El nuevo creyente permaneció firme en su adoración de Cristo, a quien confesó como su único Rey y expresó estar dispuesto por Él, a morir mil muertes. ¿Deseas responder a la amorosa convicción de Dios quién desea liberarte del engaño del pecado y experimentar tu victoria en Cristo? En la autoridad de Cristo, clama al Señor para que te libre, a ti y a los tuyos, del engaño del pecado.

Capítulo Diecisiete

Viviendo y orando en el poder de la resurrección

Si uno pudiera ver los corazones de miles de personas que asisten a la iglesia semana tras semana, tal vez descubriría que muchos ya se han "dado por vencidos" en su interior, respecto a algunas de las batallas en sus vidas. ¿Por qué es que hay una epidemia de vidas y oraciones carentes de entusiasmo en las iglesias? La respuesta honesta de muchos pudiera ser: "¿Para qué entusiasmarse con algo que no parece funcionar bien del todo?" La verdad es que muchos de los que se dicen cristianos, realmente no creen que la oración haga una diferencia. Además, piensan que el mismo predicador no cree que la oración sea tan importante, aunque lo tiene que decir para que no lo despidan.

Entender el significado práctico de nuestra unión con Cristo debe expulsar todo sentimiento de desesperanza, incapacidad y pesimismo, y reemplazarlo con una esperanza viva. El punto de arranque para aceptar esto es pensar en tu más grande lucha y luego comenzar a alabar a Dios porque Cristo murió y resucitó para darte la victoria en esa área específica. ¡Alábalo, porque te va a entrenar para que experimentes esa victoria, que Cristo compró para ti para Su gloria!

Tal vez tu lucha es un problema de relaciones. Cada vez que ciertas personas actúan de cierta manera, eso te "enciende la mecha" y respondes de mala manera. Puedes sentir que tu única esperanza es que de alguna manera evites a esas personas. Jesús murió para librarte de esta mala manera de responder y resucitó para darte el poder necesario para que puedas responder en una nueva manera, con un amor que discierne. En Cristo, tienes una fuerza que va **más allá** de ti mismo, que te posibilita para construir ¡las mejores relaciones que puedas tener en tu vida!

Algunos usan el término "fortaleza" (de Satanás) para referirse a alguna esclavitud en , que una persona tiene en su vida, en donde hay un ceder recurrente a la carne en desobediencia a Dios. Jesús murió para darnos "esperanza" de superar estas respuestas pecaminosas, que hemos permitido que programen nuestras vidas. Jesús derramó su sangre no solamente para perdonarte, sino también para darte la autoridad para que puedas edificar una nueva manera de responder piadosamente y que reemplace esa esclavitud pecaminosa.

Después de que uno honestamente confiesa este pecado, debe entregar esta batalla al Señor, dándole la libertad de hacer cualquier cosa que Él considere necesaria. También es importante buscar la "raíz" que ocasionó esa mala respuesta, y no solamente tratar los síntomas. En mi primer año como profesor, tuve un alumno que demoraba en entregar cada tarea. Sin embargo, era la más curiosa forma de demora que había visto. Terminaba los trabajos con anticipación sólo que no los entregaba a tiempo. Su problema no era que fuera flojo; su problema era, **¡el temor!** Toda su vida había sentido que cualquier cosa que hiciera, no era suficientemente buena. Después me platicó cómo tenía que armarse de valor para entregarme sus trabajos, y para aceptar exponerse a la crítica de otra persona. En realidad sus trabajos eran bastante buenos, y logró progresar al enfrentar ese temor.

Cristo murió y resucitó para librarte, para que puedas amarle y obedecerle. Cuando, como creyentes, pecamos de manera insensata, estamos viviendo de manera inconsistente con nuestra verdadera identidad como "esclavos de la justicia" (Romanos 6:18). Nuestra respuesta al pecado debe ser de estar de acuerdo con la convicción de Dios, y aceptar que Él en su fidelidad nos limpie (1 Juan 1:9). También he encontrado muy útil alabar a Dios porque ya no soy un esclavo del pecado que he cometido. Esto, es de nuevo entrar en la verdad de Romanos 6:11. Además, le presento al Señor otra vez, la parte de mi cuerpo que estuvo involucrada en el pecado, para hacer de ese momento un momento de consagración a Dios (Romanos 6:12-13). ¡Mi oración es que puedas experimentar esta respuesta victoriosa a tus fracasos, y que puedas presentar esta manera de responder a muchísimas otras personas!

Un muy estimado amigo compartió conmigo una lucha profunda que tenía en su alma. Nos volvimos a reunir esa misma semana, y compartí con él durante la mayor parte del día muchos de los conceptos que han sido de gran ayuda para mí contra la tentación. Terminamos la reunión de rodillas, orando juntos. Mientras él oraba por la lucha que habíamos estado comentando, emitió un muy débil, "Por favor, ayúdame." Le dije, "¡Detente! No estás orando en base a la victoria que Cristo adquirió para ti." Estuvo de acuerdo y continuamos orando. Después de que se retiró, decidí irme caminando a un restaurante para comer algo. En el camino al restaurante sentí una carga intensa por mi amigo. En lo único que pude pensar fue en algunas de las oraciones de Efesios 1:15-23. Oré, "Señor dale **esperanza**; Señor dale **poder**." Oré durante treinta minutos hasta que sentí que se había retirado la carga. Desistí de la idea de comer y regresé a mi apartamento. Al día siguiente cuando llamé a mi amigo para platicarle de la carga en oración que sentí, comenzó a reírse entre dientes. Me dijo que en ese momento preciso, el Señor comenzó a mostrarle un sentido de desesperación que tenía en esa área de su vida. Tomó un libro de su librero que trataba acerca del tema de la lucha espiritual, y comenzó a orar en la autoridad del nombre de Jesucristo. Este fue el principio del proceso en que Dios implantaba esperanza en su vida y desarraigaba ese malévolo sentido de desesperación.

Dios desea hacer lo mismo por ti y por mí. El poder de la resurrección es el poder que puede producir victoria de una aparente derrota. Cuando Jesús estaba en la tumba, parecía como si los enemigos de la justicia estaban ganando. Sin embargo, el Señor estaba derrotando la maldad y posteriormente vino la resurrección. En tu lucha, Dios desea darte "esperanza" y permitirte experimentar Su poder de resurrección. Puede llevar tiempo experimentar plenamente esta victoria, pero alaba a Jesús porque la victoria es tuya (ver Éxodo 23:29-30). Es algo que no solamente quiere que experimentes, sino que quiere que lo experimentes de una manera tan profunda, que muchos otros también lo lleguen a experimentar por lo que Él, por Su gracia, haya hecho en ti y a través de ti.

Capítulo Dieciocho

Haciendo realidad las amorosas provisiones de Dios

La oración y vida cristiana victoriosa siempre se ven apoyadas y reforzadas por una actitud de auto-entrega. La amorosa exhortación y provisión de Dios que posibilita al creyente para presentarse a sí mismo, y a cada parte de su cuerpo al control divino, es precedida por la revelación de Su amor incondicional y Su deleite en Su pueblo (Romanos 5:1-8 precede a Romanos 6:12-13 y 12:1-2). Aun en medio de tu lucha con el pecado hay Alguien que te ama y se preocupa por ti. Cuando atraviesas por situaciones dolorosas y no recibes la comprensión o el aprecio y amor que necesitas, puedes descansar en el amor continuo de Dios y en su deleite en ti. Conforme el Señor permita cosas en tu vida para manifestar tú insuficiencia, éstas están diseñadas para producir una más profunda experiencia del increíble amor y poder de Dios.

Uno no necesita "hacer nada" para hacerse aceptable delante de Dios; ni siquiera orar. Cristo lo ha hecho todo. Uno no presenta su vida a Dios para lograr la aceptación divina sino más bien lo hace porque ha comprendido que ya ha sido aceptado por Dios. Cuando uno está descansando en el amor de Dios queda libre de la necesidad de impresionar a otros. El amor que Él tiene por ti es un amor que nunca antes has experimentado, exactamente en la misma manera, por parte de ningún ser humano en la tierra. A pesar de que conoce todo acerca de ti, incluyendo todo pensamiento que has entretenido en tu mente, ¡Él te ama y anhela tener una relación íntima contigo!

Dios **demostró** este amor al enviar a Su Hijo a la tierra para andar en ella, vivir una vida perfecta de amor y morir en sacrificio por ti. Te dio un registro por escrito de Su amorosa revelación y te dio Su Espíritu para hacer real y personal esta revelación para ti. Él quiere que vivas experimentando Su sonrisa de gracia sobre tu vida. Cuando el Espíritu de Dios tiene la libertad en una comunidad de creyentes de dar testimonio de la realidad de esto, el pueblo de Dios es puesto en libertad, y son capaces de lograr cosas que nunca pensaron serían capaces de alcanzar.

Conforme uno ve la verdad del carácter de Dios y lo que Él ha hecho, la exhortación a presentarnos a nosotros mismos a Él tiene sentido. De hecho, si hay una Persona que es perfectamente sabia, amorosa y justa, y nos fuera posible a nosotros someternos bajo Su control, ¿no sería una locura el no hacerlo? El pecado es una locura y el mundo promueve esta locura animando a criaturas dependientes a que vivan de manera independiente de Dios. Si vieras mil focos o bombillas en tu vida y novecientas noventa de ellas estuvieran tiradas en el piso y solamente diez estuvieran enroscadas en sus enchufes dando luz, pudieras pensar que aquello que es anormal realmente es lo normal. Esa es la presión del mundo que lucha contra el diseño de Dios de que el hombre permanezca en Él.

Muchas personas "exitosas" se encuentran internamente bastante aburridas. ¿Por qué? Tal vez tengan trabajos de mucho prestigio, pero hay un factor de aburrimiento en sus vidas. Digamos que las actividades del puesto de trabajo, le exigen a uno el sesenta por ciento de sus habilidades totales para realizar el trabajo. Entonces tendrá un factor de aburrimiento del cuarenta por ciento. En Su gran amor, Dios ha hecho posible que el creyente en

Jesucristo pueda presentar la totalidad de su vida al Señor. Como dice Romanos 6:13, todos los miembros de tu cuerpo pueden convertirse en "instrumentos de justicia." En este sentido alguien puede tener un trabajo que no requiera de todas sus habilidades, pero la totalidad de su ser estará involucrado en la "vida", porque cada parte de la persona está disponible y en comunión con Dios mientras experimenta la gracia de permanecer en Él.

Nunca subestimes lo que Dios puede lograr a través de una sola vida que ha sido verdaderamente presentada a Dios. Fue D.L. Moody quien fue desafiado al escuchar las siguientes palabras, "Todavía el mundo está por ver lo que Dios puede hacer con un hombre totalmente consagrado a Cristo." Su respuesta fue, "Señor, ¡haz que yo sea ese hombre!" El impacto de su respuesta se manifestó en su ministerio de cuarenta años y en su influencia perdurable.

Telémaco fue un creyente del siglo cuarto, cuya audacia nos relata Charles Colson en su excelente libro *Amando a Dios*. Vivía en una aldea apartada donde pasaba la mayor parte de su tiempo en oración y cuidando de su huerta. Creyendo que había escuchado la voz de Dios que le instruía ir a Roma, salió a pie y llegó varias semanas después, cuando se estaba llevando a cabo un gran festival. Siguiendo a la multitud, llegó al coliseo donde observó cómo los gladiadores ofrecían sus vidas para entretener a la multitud. Comenzó a gritar: "En el nombre de Cristo, ¡deténganse!"

Abriéndose camino entre la multitud llegó hasta el muro divisorio, el cual trepó, saltando luego dentro de la arena donde continuó gritando: "En el nombre de Cristo, ¡deténganse!" La multitud se reía de ese hombre de baja estatura pensando que era parte del espectáculo. Esa risa pronto se volvió en enojo al verle rogar a los gladiadores que detuvieran el baño de sangre. Uno de ellos súbitamente clavó su espada en el cuerpo de Telémaco quien alcanzó a emitir sus últimas palabras: "En el nombre de Cristo, ¡deténganse!"

Enseguida, aconteció algo extraño. Los gladiadores se quedaron mirando al hombre pequeño y un gran silencio cayó sobre el coliseo. De repente un hombre en las filas superiores comenzó a caminar hacia la salida y otros también comenzaron a irse. Todos los espectadores eventualmente salieron en silencio del coliseo.

Ese día fatal en el año AD 391, fue la última vez que lucharon a muerte los gladiadores en el coliseo romano para el entretenimiento de la multitud. Una pequeña voz en medio del rugido de la multitud en el coliseo hizo la diferencia; "Una voz — una vida que habló la verdad en nombre de Dios." Hay gran fruto cuando permitimos que el Señor nos libere para experimentar la gracia de la oración y para responder a los impulsos e indicaciones de Dios.

Sección Tres
La necesidad de motivar y capcitar—experimentando la gracia que motiva y capacita

Muchas personas quieren lo que es correcto, pero les falta la motivación permanente y la perseverancia para alcanzarlo. Esta sección trata acerca de la gracia que motiva y capacita, la cual solamente puede encontrarse en Jesucristo. Doy testimonio de que ha sido únicamente está gracia la que me ha motivado y sostenido durante los últimos cuarenta años en que he servido a Cristo. Esta gracia es la esencia misma de la vida cristiana.

La gracia de Dios no solamente es la base de nuestra salvación inicial sino también la clave de la vida cristiana de principio a fin. No la debemos conocer meramente como una "palabra de moda", sino como una realidad diaria que nos posibilita a obedecer a Dios y seguir adelante en nuestros momentos de mayor oscuridad, aun cuando no sintamos hacerlo. Qué Dios te pueda usar para ayudar a otros a entender y experimentar esta gracia en sus vidas.

La maravilla de aprender a poner en práctica la realidad del Espíritu Santo es algo que nunca he olvidado. Esto es algo que Dios quiere que experimentes de manera progresiva, pero también quiere que seas un instrumento para compartir esto con muchos otros. ¿Por qué no creer ahora mismo que Dios te puede enseñar, de tal manera que tu vida rebose e ilustre a otros lo que es una vida llena del Espíritu y guiada por el Espíritu? ¡Tal decisión de fe de parte

TUYA SERÁ OCASIÓN DE MUCHO REGOCIJO DE OTRAS PERSONAS, QUE SE BENEFICIARÁN TANTO EN EL TIEMPO COMO EN LA ETERNIDAD!

Capítulo Diecinueve

Entendiendo cómo la gracia de Dios nos motiva y capacita

Un día mientras leía 1 Pedro 5, el Espíritu de Dios iluminó la verdad del versículo dos a mi corazón, de una manera práctica. Fue la frase, "...no por obligación, sino voluntariamente, como quiere Dios; no por la avaricia del dinero, sino con sincero deseo." En otras palabras, no debemos hacer la obra de Dios porque "tenemos que hacerla" sino porque "¡queremos hacerla!" Este versículo no significa que hacer la voluntad de Dios siempre va acompañada de las mismas emociones que cuando comemos helado y pizza, pero sí significa que no debe ser una carga opresiva para el creyente que está entregado a Dios.

Una de las verdades más gloriosas en las que puede descansar un creyente es que Dios proveerá la motivación y lo capacitará para hacer cualquier cosa que Él requiera que haga. Si Dios solamente nos diera mandamientos pero no nos motivara ni nos capacitara para obedecerlos, ¿cómo podríamos amar de corazón a un Dios así? Sus mandamientos están diseñados para nuestro bienestar eterno. Cada mandamiento negativo o prohibición está diseñado para nuestra protección. Cada mandamiento positivo es Su dedo apuntando hacia el mejor y más seguro sendero para la vida. Pecar contra Él es también dañarnos a nosotros mismos (Deuteronomio 10:13; Proverbios 8:35-36). Cuando uno comienza a obedecer la verdad de Dios y a orar con el corazón, uno empieza a verdaderamente **conocer** a Dios (1 Juan 2:5).

Esta gloriosa provisión es el tema del testimonio del apóstol Pablo en 1ª Corintios 15. No solamente le da crédito a la gracia de Dios por su vida cambiada, sino también la considera como ¡la clave de su **labor** cristiana! Si fueras a preguntarle al apóstol Pablo, "¿Te daban ganas de orar todos los días?" o inclusive, "¿Te daban ganas de levantarte de la cama cada mañana?" ¿Qué crees que te respondería? Estoy seguro que respondería que no, pero que dio pasos de fe sabiendo que la gracia de Dios supliría lo que necesitara en cada situación.

La gracia de Dios no era un concepto abstracto para el apóstol Pablo con respecto a la **vida** cristiana. Se le llamó "gracia" porque era una fuerza divina que él no merecía. Se refiere a la provisión voluntaria y generosa del Espíritu, tanto para motivar como para hacer posible todo el trabajo de Pablo (1 Corintios 15:10; compare con Filipenses 2:13). Es la realización de la promesa del Nuevo Testamento originalmente dada a Israel. El Nuevo Testamento deja en claro que compartimos de este nuevo pacto. La promesa: "Pondré dentro de vosotros mi Espíritu, y **haré** que andéis en mis estatutos, y cumpláis cuidadosamente mis ordenanzas," es semejante a cuando Pablo dice que la **gracia** de Dios ha trabajado en él, en 1 Corintios 15:10 (compare con Ezequiel 36:27).

Por esta razón, Pablo exhorta a Timoteo a que se fortalezca en la **gracia** de Dios (2 Timoteo 2:1). Aunque Timoteo no se sentía plenamente capaz para la enorme tarea que tenía en Éfeso, él podía experimentar cómo Dios le daba lo necesario para la tarea. Tal es el testimonio de Pablo en 2 Corintios 3:5-6 en relación con el nuevo pacto y las provisiones del Espíritu:

> *No que seamos suficientes en nosotros mismos para pensar cosa alguna procede de nosotros, sino que nuestra*

suficiencia es de Dios, el cual también nos hizo suficientes como ministros de un nuevo pacto, no de la letra, sino del Espíritu; porque la letra mata, mas el Espíritu da vida. (2 Corintios 3:5-6)

De hecho, Pablo inicia casi todas sus cartas con la frase "gracia y paz a vosotros." Ésta no es meramente una salutación, también es una oración pidiendo que los creyentes pudieran experimentar la gracia y paz de Dios. Aunque el verdadero creyente ya ha experimentado la gracia de Dios que conduce a la salvación (Efesios 2:8-9), permanece en la continua necesidad de la provisión de gracia por parte de Dios, para poder vivir la vida cristiana (1 Corintios 15:10). De igual manera, aunque el verdadero creyente tiene paz **con** Dios (Romanos 5:1), sigue teniendo necesidad de la paz **de** Dios, la cual está condicionada a que echemos toda nuestra ansiedad sobre Dios (Filipenses 4:6-7; 1 Pedro 5:7).

Podemos confiar en que Dios **siempre** proveerá la motivación y nos capacitará para hacer todo lo que nos pida realizar. Nuestra responsabilidad es **permanecer** en Él. Así como la planta obtiene de la tierra todos los nutrientes que necesita para su sustento; y el pez obtiene todo lo que necesita del agua; el creyente es totalmente dependiente en Cristo. Él es la vid y nosotros las ramas. Cuando confundimos nuestros roles y tratamos de ser la vid, ¡fracasaremos en beneficiarnos de las promesas y apoyo que nos da en Su gracia!

Recibí una invitación a compartir en un retiro, organizado por una iglesia de Virginia en el área de Washington D.C. Aunque ofrecieron generosamente pagar el pasaje de mi esposa y el mío por avión, también me ofrecieron la alternativa de permitirme llevar a toda la familia en automóvil y hospedarnos en un motel en Washington D.C. por unos días, desde antes de que comenzará el retiro. Mientras nos preparábamos para salir en el lunes **siguiente** al 11 de septiembre de 2001, ¡yo estaba tan agradecido! Por supuesto, no había vuelos disponibles como consecuencia de la reciente crisis nacional. También fue una semana inolvidable para mi familia el poder visitar la capital en este tiempo tan crítico para la nación.

El retiro me permitió renovar mi amistad con Steve King, quien había estado como parte del personal de Cruzada Estudiantil para Cristo durante dos años en la Universidad de Auburn, y personalmente me había discipulado. Ahora estaba pastoreando la Iglesia Bautista de Cherrydale en Arlington, Virginia, que era la iglesia que me había contactado para invitarme al retiro. Habíamos planeado cenar juntos, pues hacía veintiocho años que no nos veíamos.

¿Cómo sería volver a ver a alguien que no había visto en casi tres décadas? ¡Me sorprendió que físicamente hubiera cambiado tan poco! Pero más importante, esa noche durante la cena pude notar que, ¡seguía teniendo esos mismos rasgos particulares de entusiasmo y aliento que lo habían caracterizado en su ministerio en la universidad! Manifestaba el mismo fervor de ser usado por Dios y estaba tan enamorado de su esposa como lo había estado cuando era su prometida en aquellos años en Auburn. Qué emoción para mi alma fue ver la gracia de Dios en este hombre, en su matrimonio y en su ministerio.

Un día hace casi treinta años, contemplaba cómo podría mantenerme fiel a Dios durante los próximos cuarenta o cincuenta años, si es que vivía una vida normal. Mientras entretenía ese pensamiento en mi mente por un minuto, me sentí exhausto. Luego Dios trajo a mi mente la verdad de Filipenses 2:13:

Porque Dios es quien obra en vosotros tanto el querer como el hacer, para su beneplácito. (Filipenses 2:13)

Lo que trajo paz a mi corazón es que nunca habría un día en que Dios no estuviera conmigo motivándome y posibilitando las cosas para que yo pudiera hacer Su voluntad, y también en Su gracia redarguyéndome de pecado. *Él* me mantendría avanzando, un día a la vez, un momento a la vez.

Romanos 15:5 es el versículo que me dio el valor para levantarme de la cama cada mañana durante un verano de dificultades. ¡Vi que es Dios quien da el ánimo y la *perseverancia!* Cada día anotaba cómo Dios me mantenía avanzando. Dios lo hará cada día por Su fidelidad inmutable. ¡Sus misericordias son nuevas *cada* mañana! ¡Grande es su fidelidad (Lamentaciones 3:23)! Podemos decir:

> *Ayer me ayudó Dios.*
>
> *Hoy Él hará lo mismo.*
>
> *¿Cuánto tiempo durará? Para siempre.*
>
> *Alabado sea Su nombre.*

Busca a Dios como la única *fuente* de todo lo que necesitas. Pasa tiempo alabándole y dándole gracias por la gracia diaria que te dará para orar y vivir para Él. Si nos volvemos a ver dentro de veintiocho años, que nuestra experiencia sea tal que todavía estemos ministrando y clamando en oración a este Dios fiel.

Capítulo Veinte

Trabajando y orando en la gracia de Dios

¿Cuál es el secreto de poder amar genuinamente? Solamente el amor de Jesús pudo llamar "amigo" a Judas, pudo orar por aquellos que lo crucificaban, y aceptar a Saulo de Tarso y hacerlo un apóstol. A menos que aprendamos a trabajar en el Señor, nuestra labor será verdaderamente en vano:

> *Si el Señor no edifica la casa, en vano trabajan los que la edifican; si el Señor no guarda la ciudad, en vano vela la guardia. (Salmo 127:1)*

En la vida cristiana siempre estamos tratando de determinar "qué nos toca hacer a nosotros" y "qué le toca hacer a Dios." Un día se nos exhorta a disciplinarnos y a golpear nuestro cuerpo (1 Corintios 9:27); al día siguiente se nos dice que nos estamos esforzando demasiado y que necesitamos "hacer menos para dejar a Dios hacer más." ¿Quién tiene la razón? Pienso que Colosenses 1:29 nos da el equilibrio:

> *Y con este fin también trabajo, esforzándome según su poder que obra poderosamente en mí. (Colosenses 1:29)*

La vida cristiana es *trabajo*, pero es un trabajo en el que Dios da el poder. Hay una diferencia entre simplemente esforzarse y trabajar, y esforzarse y trabajar con la fortaleza que Dios da. Uno acaba bien cansado de las dos maneras, pero una nos cansa más pronto. Una te deja internamente refrescado y la otra internamente exhausto. Una es una labor de fe con la carga del trabajo puesta sobre el Señor, y la otra es una labor de esfuerzo personal con la carga del trabajo puesta sobre nuestros propios hombros. Armin Gesswien dijo que trabajar es duro y pesado; trabajar para el Señor es frustrante y deprimente, pero trabajar con el Señor es deleitable y placentero.

El apóstol Pablo nos dice que el secreto de su labor era la gracia de Dios:

> *Pero por la gracia de Dios soy lo que soy, y su gracia para conmigo no resultó vana; antes bien he trabajado mucho más que todos ellos; aunque no yo, sino la gracia de Dios en mí. (1Corintios 15:10)*

Lo que quería decir era que el Señor le había motivado y capacitado para que pudiera hacer todo lo que le había comisionado hacer. Es esta misma gracia la que le recomendó a Timoteo, "fortalécete en la gracia" (2 Timoteo 2:1), y a todo creyente, cuando comienza sus epístolas con la frase "gracia y paz."

Esta "gracia" es el secreto de cada faceta del servicio cristiano y es la clave de la oración. Dios da la gracia de la oración así como también la gracia para estudiar, la gracia para responder adecuadamente a una prueba, o en otras palabras, la gracia para hacer *cualquier* cosa que Él nos mande hacer. En este sentido, todo mandamiento contiene una promesa escondida. Para todo lo que Dios nos manda hacer, Él nos motivará y capacitará para que lo podamos hacer, conforme nos humillamos para recibir esta gracia. Todos nuestros desafíos e incompetencias obran para acercarnos a Sus recursos. Él nos ha mandado orar sin cesar ¡y nos dará la gracia para hacerlo!

Por ejemplo, 2 Corintios 8 y 9 hablan de la gracia de dar. Esta gracia fue dada a las iglesias de Macedonia (2 Corintios 8:1), y a su generosidad se le llama obra de gracia. Cuando estaba en el bachillerato, ocasionalmente ponía un billete de un dólar en la charola de las ofrendas. Un amigo que se sentaba a mi lado a veces me susurraba al oído: "Ese es un dólar menos para comprar el auto que planeas adquirir." Lo triste es que esa también era mi manera de verlo. ¡Esa no es la gracia de dar!

Inmediatamente después de haber terminado la universidad y antes de ir al seminario, trabajé durante el verano en una iglesia en Chattanooga, Tennessee. Una apreciada familia generosamente me permitió vivir con ellos de manera que casi no tenía gastos. Ofrecieron pagarme cien dólares a la semana por cada una de las diez semanas que iba a estar ahí ministrando ese verano y me pagaron por adelantado con un cheque de mil dólares durante la primera semana que estuve allí. Ese mismo verano se iba a llevar a cabo una conferencia cristiana muy importante en Corea del Sur. Dios puso una gran carga en mi corazón por esta conferencia y brotó en mí el pensamiento de ofrendar esos mil dólares a la conferencia. Después de luchar un tiempo con esa idea, yo, quien ni siquiera podía dar alegremente un dólar, pude ofrendar los mil dólares. Con esto no quiero decir que hoy yo sea un gran dador, pero lo que quiero comunicar es que Dios sí da gracia en esta área. La pregunta es. ¿Cómo estamos tú y yo respondiendo a esta gracia hoy?

En mi libro, *Una Jornada Hacia la Oración Victoriosa*,[1] relato cómo después de varios años de entregarme a la disciplina de la oración, comencé a ahogarme en el creciente número de

---

1. Bill Thrasher, *Una Jornada hacia la Oración Victoriosa* (Chicago, Moody Press 2003

peticiones de oración que inundaban mi vida. No me hubiera sentido así si hubiera entendido la verdad de este capítulo. Descubrí que aunque continuaba orando, realmente no esperaba que Dios fuera a hacer algo. Cuando oramos sin expectativas, nuestra vida de oración ha muerto. El concepto de la gracia en la oración resucitó mi vida de oración muerta. ¿Ha muerto tu vida de oración? ¿Por qué no clamar ahora mismo a Dios para que ilumine tu mente para que puedas comprender Su gracia y de esta manera reavivar tu vida de oración?

Joe Bayly contó una historia que Billy Graham relató a unos misioneros que acababan de perderlo todo en una revuelta política en un país africano. Contó cómo un hombre muy rico estaba compartiendo en una iglesia pequeña por qué Dios lo había bendecido con millones y millones de dólares. El hombre decía, "Todo comenzó cuando era joven; tenía un dólar en una bolsa y una moneda de veinticinco centavos en la otra." Conforme se acercaba el plato de las ofrendas se decía a sí mismo, "¿Cuánto voy a dar? ¿Daré el dólar o la moneda, el dólar o la moneda, el dólar o la moneda?" Cuando le pusieron enfrente el plato de la ofrenda, dijo: "Ofrendé el dólar y la moneda. Lo di todo y por eso es que Dios me ha bendecido." Y una ancianita sentada en las filas de atrás exclamó en voz alta: "¡A que no se atreve a hacerlo ora vez!" ¿Daría él ahora sus millones? Billy Graham les recordó a esos misioneros que cuando salieron al campo misionero, ya lo habían dado todo. Ahora que habían perdido todas sus posesiones materiales, se les estaba animado a que lo volvieran a hacer. Conforme tú y yo nos demos al Señor aprenderemos a trabajar y a orar en la gracia de Dios.

Capítulo Veintiuno

Andando en el espíritu en todo aspecto de la vida

Si uno ve la oración o el ministerio únicamente como una actividad cristiana aislada, no experimentará la gracia de la oración y del ministerio. Es un rebosar de una vida que anda en el espíritu. Cuando era un estudiante universitario de diecinueve años, entré a la habitación de un hermano en Cristo y compañero de la fraternidad en la universidad de Auburn. Este joven consagrado comenzó a hablar conmigo acerca del Espíritu Santo. No respondí de alguna manera específica ese día de noviembre hace más de treinta años. Pero salí de la habitación con el siguiente pensamiento, "Tal vez sí hay esperanza en vivir la vida cristiana." Aunque reconocía a Cristo como mi Salvador y en el exterior, mi vida escolar estaba resultando exitosa, interiormente estaba lleno de temor y de ansiedad. Le di seguimiento a esa visita, leyendo un libro sobre el Espíritu Santo durante las vacaciones de Navidad y me propuse solicitar para el siguiente semestre a ese hermano como compañero de dormitorio. Ese año transformó mi vida.

El Espíritu Santo es una *Persona* y también es *Dios*, la tercera persona eterna y co-igual de la Trinidad. Antes de que el Señor Jesús partiera de la tierra para ascender al cielo, prometió no dejar a sus discípulos como huérfanos. Él les enviaría al Espíritu, a quien llamó el "Consolador". Cuando uno se convierte en cristiano tiene a una Persona viviendo en él y que va con él ¡a dondequiera que vaya! Esta *Persona* es *Dios*, el Espíritu Santo, y necesitamos aprender a apoyarnos en Su ayuda divina en todo lo que hacemos. A esto se le llama *andar* en el Espíritu (Gálatas 5:16).

¿Por qué necesitamos al Espíritu Santo? Primeramente, tenemos enemigos espirituales los cuales son demasiado poderosos para nosotros, *pero* no son oposición para los recursos de Dios. Necesitamos apoyarnos continuamente en la promesa, "mayor es el que está en vosotros, que el que está en el mundo" (1 Juan 4:4). Segundo, la vida que Dios nos llama a vivir está más allá de lo que nosotros podemos vivir en nuestra propia fuerza. Para poder amarnos unos a otros como Cristo nos amó, requerimos de la ayuda del Espíritu Santo para que produzca su fruto de amor en nosotros (Juan 13:34; Gálatas 5:22). El Espíritu Santo es la provisión de la gracia de Dios porque nos provee la motivación y nos capacita para vivir la vida cristiana y para orar.

En el capítulo diecinueve, mencionamos que si Dios únicamente nos diera sus mandamientos bondadosos, pero no la gracia para llevarlos a cabo, no podríamos amarlo con todo nuestro corazón. Es por esta razón que cuando se dan instrucciones a los ancianos respecto a cuidar del rebaño de Dios, se les dice "no por obligación, sino *voluntariamente*" (1 Pedro 5:2, énfasis agregado). Es esta motivación e impulso interior de "querer hacerlo" a la que Pablo llama "gracia" en la vida cristiana. Él habló acerca de ella en su propia experiencia (1 Corintios 15:10) y en las experiencias de otros (2 Corintios 8:3-5). Es de lo que deseaba que Filemón se apropiara al perdonar a Onésimo, quien le había robado y se había escapado. Pablo no quería dar una *orden* a Filemón para que hiciera lo correcto (Filemón 8), sino más bien apeló a él para que su bondad no fuera algo que Pablo le impusiera, sino lo que genuinamente brotara de su corazón (Filemón 14). Es la voluntad de Dios que experimentes esto en tu ministerio y vida hoy. Así es cómo se hace:

Se Requiere de una Apertura al Control de Dios

¿Habrá alguna área de tu vida que no está abierta al control de Dios? Si eres un cristiano, entonces ya tienes a todo el Espíritu, pero la pregunta realmente es si Él tiene todo lo tuyo. El temor es lo que con frecuencia estorba nuestra apertura al control de Dios. Busca a Dios en tu punto de temor y abre tu vida a Su amor, el cual puede echar fuera el temor y transformarlo en fe. Recuerda, el valor es que simplemente el temor ya ha hecho sus oraciones.

Se Requiere de una Dependencia del Control de Dios

Hace más de treinta años, Howard Hendricks me dijo que cuando se convirtió a Cristo, escribió las siguientes palabras en su Biblia: "Cuando yo lo intento fracaso, cuando yo confío Él tiene éxito." Luego dijo que le había llevado toda su vida cristiana el poder verdaderamente discernir el significado de esas palabras.

Hace varios años, leí un libro que hablaba de tres etapas en la vida cristiana. La primera era la etapa de "yo puedo" en la cual tomamos resoluciones y hacemos promesas de obedecer a Dios. Esto es característico de muchos de nosotros que queremos orar. Nuestro fracaso nos lleva a la siguiente etapa que es "no puedo", porque comprendemos la imposibilidad de poder mantener nuestros ministerios y vida de oración con nuestras propias fuerzas. La tercera etapa es la de "no puedo pero debo y Dios me habilitará." Personalmente creo que pasamos por este ciclo de tres etapas conforme Dios nos va enseñando a tener una cada vez mayor dependencia en Él.

No podemos confiar en Dios ni depender en Él en cualquier asunto que no le hayamos entregado completamente. Por esta razón el Salmo 37:5 nos dice, "Encomienda al Señor tu camino, confía en Èl; y Él hará." En oración me he preguntado muchas veces, "¿En qué estoy involucrado, en lo cual no estoy siguiendo la dirección del Salmo 37:5?" ¿Realmente he entregado esa tarea al Señor? ¿Estoy confiando solamente en Él? Conforme confiamos en Dios, Él nos mostrará cuál es nuestra responsabilidad. La dependencia en el control de Dios no siempre implica inactividad, pero sí significa que debemos activar nuestra fe antes de activar nuestra voluntad. A veces me he dado cuenta que estaba confiando en *mi esfuerzo* para resolver un problema o un malentendido. Tal situación requirió de una confesión de mi error, de una fe renovada en que Dios obrará para resolver la situación, y de una espera en Él para discernir qué esfuerzo quiere que yo haga.

Se Requiere un Grado de Reacción al Control de Dios

Para responder al Señor en oración, se requiere mantener al corriente nuestra obediencia. ¿Está Dios impulsándote a hacer algo que no estás haciendo? También involucra confesar nuestro pecado. "Debemos ser tan sensibles al pecado como lo es nuestra pupila a cualquier objeto extraño," era la amonestación que el Dr. Stephen Olford hacía al pueblo de Dios.

Uno de nuestros más grandes gozos puede ser, no que nunca caigamos, sino que nos levantamos cada vez que caemos. Conforme confesamos nuestro pecado, Dios nos limpia y nos llena de nuevo con Su Espíritu:

> *Porque el justo cae siete veces; y vuelve a levantarse; pero los impíos caerán en la desgracia. (Proverbios. 24:16)*

¿Por qué no pones tu dedo en Efesios 6:18 y en Judas 20, y le pides a Dios que te enseñe a orar y a ministrar en el Espíritu? Él te ama y te acepta, y es un maestro paciente y amable. Dile que no solamente deseas aprender su verdad, sino que por reverencia a Él ¡no estás dispuesto a vivir sin ella! Este es el camino para llegar a ser un médico del alma eficaz.

Capítulo Veintidós

Creciendo en gracia

Recuerdo el consejo de un pastor piadoso a su querida esposa, mientras ella estaba esperando a su cuarto hijo. Ella dijo: "Sé que Dios quiere que tengamos a este bebé, ¡pero mi vida *ahora* ya está llena hasta el borde! ¿Cómo podré cuidar y alimentar a otro hijo?" Las sabias y amables palabras del esposo fueron: "Cuando Dios nos dio nuestro primer hijo, nos dio la gracia para criar un hijo. Cuando nos dio el segundo, nos dio la gracia para criar dos hijos. Cuando nos dio el tercero, nos dio la gracia para criar tres hijos. Dios ahora nos va a dar algo que nunca antes hemos experimentado. Nos va a dar la gracia para criar cuatro hijos."

En 2 Pedro 3:18, Dios nos manda crecer en la gracia y el conocimiento de nuestro Señor y Salvador Jesucristo. En las palabras de Juan, la vida cristiana se caracteriza por experiencias de gracia, una tras otra:

> *Porque de su plenitud todos hemos recibido, y gracia sobre gracia. (Juan 1:16)*

Las experiencias de la vida están diseñadas para exhortarnos a acercarnos confiadamente al trono de la gracia (Hebreos 4:16). ¿Qué significa acercarnos confiadamente? Significa venir con libertad. Incluye decirle al Señor acerca de nuestras luchas. Siempre me he sentido animado por este mandamiento de Dios de venir confiadamente a Su trono, pero mi problema era cómo venir confiadamente cuando tenía una actitud equivocada y yo sabía que tenía una mala actitud. ¡Involucra decirle al Señor acerca de esa mala actitud! ¿Qué pasa cuando haces esto? Según Hebreos 4:16, ¡recibimos una comprensión misericordiosa y su gracia nos posibilita para enfrentar nuestra lucha! No te meterás en problemas si tomas tus tentaciones y las conviertes en conversaciones francas y sinceras con Dios. Tal apertura hasta le quitará algo a esa atracción engañosa que tiene la tentación.

Hace más de veinte años, me encontraba orando a Dios que bendijera una relación que yo tenía con un hombre de mayor edad muy piadoso. Batallaba mientras oraba porque sentía que mi petición estaba motivada por mis propios planes egoístas. Continué luchando con esta petición hasta que sucedió algo un viernes por la tarde. Un alumno vino a mi oficina y comenzó a abusar verbalmente de mí acusándome por causa de un malentendido. Aunque se disculpó conmigo la siguiente semana, la situación me siguió humillando conforme batallaba con ella durante el fin de semana. Sin embargo, durante ese fin de semana sentí que Dios estaba purificando mi alma, y sentí la gracia para creer que Dios iba a bendecir mi relación con aquel hombre de mayor edad que mencioné arriba. Dios da gracia al humilde y nos puede confiar circunstancias providenciales que nos ayudan para humillarnos delante de Él.

Dios se opone a los orgullosos, pero da gracia a los humildes (Santiago 4:6). Un punto de orgullo es cualquier área de resistencia en donde nuestra voluntad asume una posición contraria a la de Dios. Es cualquier área de nuestra vida en la que no estamos de acuerdo con Él o cualquier área en donde le estamos diciendo, "No." El responder a la convicción de pecado, que por gracia pone en nuestro corazón (que exploraremos en el siguiente capítulo), puede posibilitarnos para crecer en gracia.

Dios le confió a Pablo lo que él llamó un "aguijón en la carne." Aunque no podemos saber con seguridad cuál era la razón de esa lucha, sí sabemos que era dolorosa y que Pablo profundamente deseaba ser librado de ella. Aunque Satanás desea utilizar esos aguijones para destruirnos, ¡Dios desea utilizarlos para humillarnos y capacitarnos para experimentar más de Su gracia (compare 2 Corintios 12:7-10)!

Los cristianos en Galacia habían comenzado su vida cristiana por fe pero estaban siendo engañados para que la continuaran con auto-esfuerzo:

¿Tan insensatos sois? ¿Habiendo comenzado por el Espíritu, ¿vais a terminar ahora por la carne? (Gálatas 3:3)

Es la voluntad de Dios que vivas en la libertad de esta gracia que Cristo obtuvo para ti, que ministres en esta gracia y que la presentes a otros.

Sección Cuatro

La necesidad de consuelo en el dolor —experimentando por gracia la perspectiva que supera la amargura

Cuando conozco a algún creyente de mayor edad que ha caminado con el Señor por muchos años y todavía está alegre, gozoso y libre de amargura, sé que estoy observando un milagro andante. Les aseguro que ellos han tenido muchas oportunidades para desarrollar un espíritu de amargura, pero han experimentado la gracia de Dios que les ha permitido optar por no amargarse.

Espero que los siguientes capítulos encausen sus vidas y ministerios hacia una experiencia más plena de esta misma gracia, que obrará este milagro en y a través de sus vidas. Y que Dios nos dé la gracia para ver Su bondad en medio de nuestro dolor, y que podamos ayudar a otros a hacer lo mismo.

Capítulo Veintitrés
Confiando nuestras dificultades al Señor

Aunque fue hace muchos años, nunca olvidaré el día en que leí el Salmo 18:19. La última parte del versículo dice: "Me rescató, porque se complació en mí." Aunque estaba consciente de que yo debía deleitarme en Dios (Salmo 37:4), nunca había comprendido el concepto de que ¡Dios se complacía en mí! Un día decidí buscar todas las referencias a la palabra hebrea que en este versículo se traduce como "agradó". Una de las referencias que me sorprendió fue Isaías 53:10, "Pero quiso [la misma palabra hebrea traducida agradó] el Señor quebrantarle, sometiéndole a padecimiento."

Bruce y Valerie Morrison eran una encantadora pareja que tenían la carga por dar a conocer el reposo que hay en Cristo a la gente de China. Fue ese mismo deseo común lo que los unió en matrimonio. Fueron bendecidos con seis preciosas niñas. En febrero del 2001, en medio de su servicio amoroso y sacrificial, Bruce fue asesinado. Esto hizo de Valerie una madre sola con seis hijas, con la mayor de apenas siete años de edad. Ella dijo, "¡Prefiero criar seis hijas con la ayuda del Señor que una sin Su ayuda!" Cuando visitó nuestro hogar unos cuantos meses después de la muerte de su esposo, una de las niñas espontáneamente habló en la mesa, "Supongo que si más personas vienen a conocer a

Jesús entonces habrá estado bien que Papá haya muerto, ¿verdad Mamá?" La niña de cuatro años de alguna manera había visto el enorme consuelo y paz que Dios había derramado en su familia. Las circunstancias no eran lo que alguien hubiera deseado, pero ahí estaba la •"paz de Dios que sobrepasa todo entendimiento" (Filipenses 4:7). Valerie y sus seis hijas regresaron a China para comunicar el amor y la paz de Jesús a ese pueblo tan precioso. Ella y sus hijas están activamente orando por el hombre que mató a su esposo y por su familia.

En una Conferencia Bíblica en la Semana de los Fundadores del Instituto Bíblico Moody en febrero 2001, escuché a la misionera Elizabeth Elliot hablar y relatar la historia de la muerte de su esposo a manos de los indios huaorani, que la dejaron viuda y con una niña pequeña. Ella compartió, que ante la noticia de la muerte de su esposo había surgido en ella el pensamiento, "Señor, ¿cómo puedo alcanzar a esas personas que asesinaron a mi esposo?" Yo pensé, "Oh Dios, este es un tipo de cristianismo diferente al que la mayoría de nosotros experimentamos. ¿Podrías, por favor, levantar a más Elizabeth Elliots?" Fue unos días después que recibí la llamada que me informaba de la muerte de Bruce Morrison. Dios en su amabilidad ha provisto otro esposo para Valerie y un prolongado ministerio en China.

¿Cuál es la dificultad más desafiante que le debes confiar a Dios? ¿Alguna vez has sido abandonado, o hasta rechazado y traicionado en alguna relación íntima en tu vida? ¿Has sido tratado injustamente o acusado falsamente? ¿Has sido injuriado, insultado o hasta abusado? ¿Has sido víctima de una conspiración o te han manipulado y te han hecho sentir como que no das la medida o no perteneces? ¿Se han burlado de ti, te han humillado, se han aprovechado de ti o has sido avergonzado públicamente? Una manera de tratar con estos dolores es intentar enterrarlos y seguir haciéndole frente a la vida. Sin embargo, las tensiones no resueltas del pasado siguen presentes, y afectan grandemente nuestra relación con Dios y con otros.

En el ambiente de la gracia de Dios y con la ayuda del Espíritu Santo quien nos habilita, necesitamos reconocer con valor y en oración nuestro dolor delante de Dios. Pudiera ser que Dios te haya dado una personalidad muy sensible y tengas una capacidad profunda para sentir el dolor emocional. Es fácil para cualquiera de nosotros procesar de manera equivocada ese dolor y responder con una ira incorrecta.

En mi propia vida, yo sé que Dios estaba disgustado con mi enojo injustificado, y me sentía muy distante de Dios cuando trataba de manejar ese dolor yo mismo. Sin embargo, cuando comencé a ver el interés y deseo de Dios, de que en mi dolor y aun lastimado, viniera con libertad a Él a Su trono de gracia, esto abrió un nuevo nivel de intimidad con Dios. Este es el primer paso para confiarle a Dios nuestras dificultades— una charla franca, abierta y de corazón con Él acerca de los problemas de nuestra alma.

Hay uno que puede identificarse contigo. "Acuérdate de Jesucristo" fue la instrucción de Pablo a Timoteo (2 Timoteo 2:8). Nuestro maravilloso Salvador sufrió por nosotros. Él sabe lo que se siente ser traicionado por un amigo (Mateo 26:47-50), y abandonado por sus seguidores (Mateo 26:56, 69-75). Él sabe lo que se siente estar tan angustiado que uno siente que no quiere seguir viviendo (Mateo 26:37-38). Él ha experimentado el agotamiento en su clamor y búsqueda de consuelo, ¡sólo para no encontrar ningún consuelo! (Salmo 69:3, 20). Él fue objeto de celos malvados, de conspiración, y de odio intenso por parte de los líderes religiosos de su tiempo (Mateo 27:18).

Hay pocas cosas que sean tan destructivas, humillantes y degradantes para una persona como una bofetada en el rostro; sin embargo, todavía más humillante es que le escupan a uno en el rostro. Este era considerado como el más grande insulto que se le pudiera hacer a una persona (Deuteronomio 25:9, Job 30:10). A Jesús le escupieron, golpearon y abofetearon en el rostro (Mateo 26:67).

Los recuerdos dolorosos de burlas e insultos te pueden llevar a Jesús para recibir consuelo, sabiendo que Él también fue humillado y escarnecido conforme se acercaba a la cruz (Mateo 27:29-30). Fue asociado con ladrones (Mateo 27:38) y soportó falsas acusaciones durante un juicio ilegal. El sufrimiento físico de tener su cabeza herida por las espinas, su espalda cortada profundamente al ser golpeada con un látigo de cuero con piezas de metal o hueso incrustadas en los azotes, y sus manos y pies perforados por clavos, no fueron el aspecto más importante de su sufrimiento. Tampoco lo fue el sufrimiento emocional de ser víctima de burlas e insultos por parte de sus enemigos crueles y de haber sido abandonado por sus amigos. Lo más doloroso fue el sufrimiento espiritual de haber sido desamparado por Dios el Padre (Mateo 27:46). Él puede identificarse con el gran dolor de ser abandonado, y es un maravilloso Sumo Sacerdote que puede identificarse con aquellos que han sufrido la pérdida de seres queridos a través del divorcio o la muerte. Él ha soportado nuestro infierno al haber sido separado de Dios para que pudiera dar a todos los que vienen a Él en arrepentimiento y fe, la preciosa promesa, "No te desampararé, ni te dejaré; de manera que podemos decir confiadamente: El Señor es mi ayudador; no temeré lo que me pueda hacer el hombre" (Hebreos 13:5-6).

¿Estás dispuesto, ahora mismo, a hablar con el Dios de gracia que nunca te dejará? Dile cómo te sientes y qué es lo que quisieras que Él hiciera. No dependas de tus sentimientos para medir Su amor por ti. Su amor está basado en Su carácter inmutable como lo registra Su Palabra. Sus misericordias nunca terminarán sino que serán nuevas cada mañana. Pon tu confianza y esperanza en Él. Dios puede derramar Su consuelo en ti de una manera que no solamente te beneficiará a ti, sino que también a muchos otros.

CONFIANDO NUESTRAS DIFICULTADES AL SEÑOR

Capítulo Veinticuatro

Obteniendo la perspectiva de Dios para procesar nuestro dolor a través de la oración

La perspectiva es una parte esencial para responder correctamente a las pruebas. De hecho, pudiera ser que una falta de perspectiva sea la esencia misma de la prueba. Recuerdo un día haber leído la siguiente porción:

> *Las mayores pruebas ocurren en esos momentos en que las personas no se encuentran al final de la soga. Se requiere ser un verdadero pastor para ir con la familia, donde alguien acaba de ser promovido a la presidencia de un banco importante, y decir: "Juan, acabo de recibir la noticia de tu promoción. Así que me apresuré a venir, pues entiendo que esta promoción te pone en una posición extremadamente vulnerable con respecto a la salud espiritual de tu alma. Quise estar a tu lado durante este tiempo potencial de tentación. ¿Podemos orar?"* [1]

---

1. George Bulnick, *Salt of the Earth,* March/April 1996.

Recuerdo a un querido pastor cuya respuesta incorrecta a una prueba en su iglesia, había tenido como resultado que dejara temporalmente el ministerio. Él, en forma inapropiada, les dijo lo que pensaba porque creía que los hermanos se lo "merecían." Pero ahora, a él le gustaría poder dar marcha atrás y volver a repetir esa escena para obrar de manera diferente. Me dijo: "Si tan sólo hubiera podido alejarme un poco para obtener una perspectiva correcta, estoy seguro que hubiera respondido de manera diferente."

George Matheson nació el 27 de marzo de 1847, era hijo de un mercader rico de Glasgow. Es conocido y amado por creyentes en todo el mundo por ese himno de cuatro estrofas que escribió: "Oh Amor Que No Me Dejará." La historia del trasfondo de este himno fue el rechazo de la prometida de Matheson, cuando ella descubrió que él se estaba quedando ciego. Ella expresó: "¡No me quiero casar con un ciego!" En la biografía de George Matheson que escribió MacMillan, Matheson describe las circunstancias que le causaron un sufrimiento mental severo. El se refiere a este himno como un fruto de ese sufrimiento.[2]

Un antiguo escritor puritano cuenta la historia de un hombre que le obsequió un saco de oro a un compañero. Al aventarle el saco, el hombre extendió sus brazos para atraparlo, pero la bolsa le golpeo en la cabeza y lo noqueo temporalmente. El punto del autor era, "¿Cuál será la reacción de este hombre una vez que recobre el conocimiento?" ¡No se va a levantar y maldecir al hombre por darle un saco de oro! Las pruebas son como ese saco de oro. Pueden noquearte temporalmente pero también enriquecen tu vida.

Cuando María y Marta clamaron a Jesús pidiendo ayuda para su hermano enfermo, dijeron: "Señor, he aquí el que amas está

---

2. MacMillan. *The Life of George Matheson,* (London: Hudder and Stoughton, 1907)

enfermo" (Juan 11:3). ¿Cómo respondió Jesús a este clamor de desesperación? En vez de apresurarse para ayudar a Lázaro, se quedó todavía dos días más en el lugar en que se encontraba (Juan 11:6). El pequeño comentario explicativo del versículo cinco que aparece antes de que se registre la demora del Señor, nos dice mucho. "Y **amaba** Jesús a Marta, a su hermana y a Lázaro (énfasis agregado)." Cuando la respuesta a nuestros ruegos pidiendo ayuda es inexplicablemente demorada, podemos descansar en la seguridad del amor personal de Cristo por nosotros. La demora dio por resultado la muerte de Lázaro. Las palabras de su hermana a nuestro Señor en el momento de su llegada fueron, "Señor, si hubieras estado aquí, mi hermano no hubiera muerto."

Si solamente tomáramos fotografías instantáneas de nuestra vida aquí en la tierra, podríamos quedar muy confundidos. A la mayoría de nosotros no nos molesta la demora de dos días del Señor, porque conocemos el final de la historia; la milagrosa resurrección de Lázaro de los muertos. Para estar seguros, la única manera de recibir consuelo en nuestro dolor es ver el final de la historia. De este lado de la eternidad, no podemos contestar todas las preguntas relacionadas con las tragedias humanas, los abortos espontáneos, el sufrimiento injusto e incontables circunstancias. Pero lo que sí podemos hacer es rehusarnos a fijarnos únicamente en una escena de la obra, más bien debemos confiar en que Dios está dirigiendo la totalidad del guión de nuestras vidas, y lo que nos parezca confuso se lo entregamos a nuestro Dios amoroso. Anhelo que puedas visualizar la verdad de Jesús llorando contigo en tu dolor, y que su amor increíble pueda manifestarse a los que te rodean (compara Juan 11:35-36). Que las preguntas que surjan de esas fotografías instantáneas temporales te conduzcan a contemplar el final de la historia:

> *Pues considero que los sufrimientos de este tiempo presente no son dignos de ser comparados con la gloria que nos ha de ser revelada. (Romanos 8:18)*

> *En lo cual os regocijáis grandemente, aunque ahora, por un poco de tiempo si es necesario, seáis afligidos con diversas pruebas, para que la prueba de vuestra fe, más preciosa que el oro que perece, aunque probado por fuego, sea hallada que resulta en alabanza, gloria y honor en la revelación de Jesucristo. (1 Pedro 1:6-7)*

Pues esta aflicción leve y pasajera nos produce un eterno peso de gloria que sobrepasa toda comparación, al no poner nuestra vista en las cosas que se ven, sino en las que no se ven; porque las cosas que se ven son temporales, pero las que no se ven son eternas. (2 Corintios 4:17-18)

¿Nos estamos regocijando en nuestra futura esperanza? ¿O estamos, muchos de nosotros, ocupados con las cosas de este mundo? Busca a Dios en las Escrituras y pídele que te permita ver un poco de todo lo que te espera. Se nos dice que pongamos nuestra esperanza completamente en esta gracia futura (1 Pedro 1:13). Escribe todas las cosas específicas que esperas experimentar en el cielo, tales como vivir en un ambiente perfecto de amor, disfrutando de comunión perfecta con Cristo y los santos, libre de conflictos y de malos entendidos, y siendo capaz de adorar y servir perfectamente a Cristo. Lo único que hacía que las aflicciones le parecieran más ligeras a Pablo (ver 2 Corintios 11:16-33) era su contemplación de la realidad de su esperanza futura. ¿Cómo podían las personas sufrir con gozo el despojo de sus bienes (Hebreos 10:34) a menos que tuvieran su vista puesta en su esperanza futura?

Un día un lastimoso leproso vino a Jesús y le rogó su ayuda. Sintiendo compasión por este desdichado marginado de la sociedad, que no tenía ninguna esperanza humana, Cristo le tocó y le dijo una frase breve, "Quiero, sé limpio" (Marcos 1:41). Ese tocar y esa frase transformaron la vida de ese hombre para siempre. Aunque Jesús ya no anda caminando sobre la tierra, sigue vivo y disponible como nuestro Salvador Resucitado. Él puede poner su mano compasiva en las heridas de tu alma y hablarte palabras sanadoras.

Su sanación no siempre es instantánea; comúnmente es un proceso. ¿Cómo puedes saber cuando tienes la mano sanadora de Dios sobre las heridas de tu alma? Es cuando puedes, por lo menos por fe, darle gracias por el bien que Él puede obrar a través de tu dolor. Esta era la fe de José, después de que fue vendido y abandonado por sus hermanos:

> *Vosotros pensasteis hacerme mal, pero Dios lo tornó en bien para que sucediera como vemos hoy, y se preservara la vida de mucha gente. (Génesis 50:20)*

Dios no es el originador de la maldad, más bien, es soberano sobre ella y capaz de obrar en medio de ella para el bien de Sus hijos (Romanos 8:28). Ven confiadamente a Su trono de gracia y dile al Señor que deseas Su toque sanador para el dolor de tu alma. Dile que deseas ser tocado de tal manera que hasta afecte a las siguientes generaciones de tus descendientes. Sobre todo, con gran reverencia, dile que para Su gloria no estas dispuesto a vivir sin que Él, por Su gracia, te libre de la amargura. Debemos aceptar responsabilidad personal por nuestra propia desobediencia, y con arrepentimiento y fe confiar en la limpieza que nos trae la sangre de Cristo. Conforme le alabas por el bien que Él puede obrar a través de tu dolor, el proceso de sanación puede comenzar.

Capítulo Veinticinco

Viendo la bondad de Dios en nuestro dolor

Cuando tenía diecinueve años comencé a seguir al Señor por primera vez de todo corazón. Y después de que di mi testimonio en la iglesia, una dulce señora se me acercó y exclamó: "Te espera mucho sufrimiento en el futuro." Esa declaración causó temor en mi corazón y por meses después venía sobre mí una gran penumbra cada vez que escuchaba a alguien hablar acerca de pruebas y sufrimiento. Una mañana el Espíritu de Dios iluminó 2 Corintios 1:5 a mi alma:

> *Porque de la manera que abundan en nosotros las aflicciones de Cristo, así abunda también por el mismo Cristo nuestra consolación.*

El pensamiento que este versículo proyectó en mi mente fue: "¡Nunca temas lo que pueda pasar porque el consuelo de Dios siempre estará allí y será suficiente!" Cuando tenemos una conciencia limpia, una perspectiva piadosa y entendemos que la batalla es del Señor, podremos estar de acuerdo con las palabras de Pedro:

> ¿Y quién os podrá hacer daño si demostráis tener celo por lo bueno? Pero aun si sufrís por causa de la justicia, dichosos sois. Y no os amedrentéis por temor a ellos ni os turbéis(1 Pedro 3:13-14).

Beneficios de las Pruebas y el Sufrimiento

Conocer a Dios

Observamos a Pablo y a Silas alabando a Dios después de que fueron cruelmente azotados y echados en la cárcel (Hechos 16:25). Esto no quiere decir que su sufrimiento fue placentero. Simplemente afirma que Dios se revela de una manera especial al creyente en su sufrimiento, cuando éste responde en sumisión y fe.

☦ **El Dios y Padre de nuestro Señor Jesucristo**

Conforme Pablo reflexiona en sus sufrimientos, bendice a Dios en 2 Corintios 1:3 y lo describe de tres maneras. El primer título es: "El Dios y Padre de nuestro Señor Jesucristo." Dios se ha revelado a sí mismo de manera suprema en la persona del Señor Jesús. Las pruebas nos pueden conducir a un mayor conocimiento de Cristo, y es este conocimiento el que nos conforma a Su carácter moral (Romanos 8:29). Una ley que Dios ha establecido es que uno se convierte en aquello en lo que se enfoca. Si estás amargado con alguien, gradualmente adoptas las características de esa persona. Si te enfocas en la soberanía y bondad de Dios en tus pruebas, te harás semejante a Él. (2 Corintios 3:18).

Puedes experimentar su paz en medio de la aflicción como lo ha prometido (Juan 16:33), si te enfocas en Aquél quien es la fuente de verdadera paz, y Quien experimentó esa paz que llamó "descanso para vuestras almas" (Juan 14:27; Mateo 11:29). Este noble mandamiento, "Por nada estéis afanosos," y la promesa de paz en Filipenses 4:6-7 no fue originalmente pronunciada desde un púlpito, sino, ¡fue escrita desde una prisión! Esta "paz de Dios" viene de conocer que el creyente en Cristo tiene "paz con Dios" por medio de Su muerte por nuestros pecados y de aprender a echar nuestras preocupaciones sobre Él (Romanos 5:1, 1 Pedro 5:7). Dios mantiene al creyente en perfecta paz cuando éste tiene su mente fija en Él, en una posición de confianza (Isaías 26:3).

El creyente que se enfoca en el Señor en medio de las pruebas, también puede experimentar el gozo del Señor (Juan 15:11). Este es el gozo que nace de la aflicción (Juan 16:21-22) y viene de vivir en armonía con Dios. Por esta razón Cristo, a quien se le llama "varón de dolores", ¡también es llamado la persona más gozosa que jamás ha vivido (Hebreos 1:9)!

✟ Padre de Misericordias

En medio de su sufrimiento, Pablo alaba al Dios que desea revelarse a ti como Aquél cuyo corazón se compadece de ti en todas tus angustias, miserias y debilidades. Esta misericordia es tan valiosa que se le llama "rica" (Efesios 2:4) y tan comprensiva que se le llama "entrañable" (Lucas 1:78). ¿Cuáles son algunas evidencias de que estás llegando a conocer a Dios como el Padre de misericordias" (2 Corintios 1:3)?

- Es cuando tus pruebas te conducen a la perspectiva de que es solamente Su misericordia la que te ha librado de un tormento eterno (1 Timoteo 1:13; comparar con Lucas 16:24, Salmo 73). En tus pruebas, alábalo por haberte salvado del infierno.

- Es cuando aprendes a ser totalmente franco con Él acerca de las luchas y tentaciones de tu alma (Hebreos 4:16). En tus luchas dile lo que hay en tu corazón. ¿Estás temeroso? Habla con Él al respecto.
- Es cuando clamas a Él en tus conflictos espirituales (Mateo 15:22). Clama a Él hoy, pidiendo fortaleza y sabiduría para enfrentar tus pruebas actuales.
- Es cuando lo buscas cada momento de cada día, para que te dé el animo necesario para no darte por vencido (2 Corintios 4:1). Busca a Dios hoy para recibir el aliento y la perseverancia para seguir adelante (Romanos 15:5).
- Es cuando lo buscas para que te dé consuelo en tus momentos de mayor preocupación (Filipenses 2:27). Si tú o tus amados están muy enfermos o sufriendo, ¡pídele a Dios que sea un Dios de misericordia para ellos y para ti!
- Es cuando le entregas la totalidad de tu vida al Señor (Romanos 12:1). Si Él es un Dios de misericordia, ¿a quién más pudieras querer entregarle tu vida?

✝ **Dios de toda Consolación**

Tus pruebas pueden permitirte llegar a conocer a la Fuente de todo consuelo. Toda buena dádiva y todo don perfecto viene de Él (Santiago 1:17). Búscalo en todas tus angustias, depresiones y tiempos de necesidad. Todo pensamiento que te hace perder la esperanza o que te hace pensar que "a nadie le importa" no proviene del "Dios de toda consolación" (2 Corintios 1:3).

Dios es el que ayuda, apoya y da alivio al creyente en sus aflicciones. ¿Pero cómo lo hace? Él obra a través del Espíritu Santo, a quien en griego se le llama "Paracletos"— uno que es llamado a estar al lado de otro para ayudar o consolar. Por eso es que Lucas escribe acerca del "consuelo (fortaleza) del Espíritu Santo" que estaba sobre aquellos que andaban en el temor del Señor (Hechos 9:31).

El Espíritu Santo utiliza dos fuentes primarias para consolar: Una de ellas es la Palabra de Dios (Romanos 15:4). Las pruebas nos pueden abrir las Escrituras, y por esta razón el salmista dice:

- Este es mi consuelo en la aflicción: que tu palabra me ha vivificado. (Salmo 119:50)
- Bueno es para mí ser afligido, para que aprenda tus estatutos. (Salmo 119:71)
- Aunque los príncipes se sienten y hablen contra mí, tu siervo medita en tus estatutos. (Salmo 119:23)

El Espíritu Santo también obra a través de personas. El apóstol lo explica de la siguiente manera:

Mucha es mi confianza en vosotros, tengo mucho orgullo de vosotros, lleno estoy de consuelo y sobreabundo de gozo en toda nuestra aflicción. Pues aun cuando llegamos a Macedonia, nuestro cuerpo no tuvo ningún reposo, sino que nos vimos atribulados por todos lados: por fuera, conflictos; por dentro, temores. Pero Dios, que consuela a los deprimidos, nos consoló con la llegada de Tito. (2 Corintios 7:4-6)

Dios obró por medio de Tito, para informarle a Pablo de la respuesta de arrepentimiento de los corintios a su carta. Tito mismo también fue consolado por la iglesia de Corinto (2 Corintios 7:7). Las pruebas pueden ser usadas por Dios para ayudarnos a conocer a Dios; a ese Dios y Padre de nuestro Señor Jesucristo, al Padre de misericordias y al Dios de toda consolación.

Para Aprender a Apoyarnos en Dios

No sabemos exactamente cuál era la prueba a la que se refiere Pablo en 2 Corintios 1:8. Algunos han sugerido cosas como: alguno de sus naufragios, persecución, una enfermedad mortal o hasta su preocupación por las iglesias. Lo que sabemos es lo que él dice en 1:9, "Pero tuvimos en nosotros mismos sentencia de muerte, para que no confiásemos en nosotros mismos, sino en Dios que resucita a los muertos."

Es difícil aprender la verdad de las palabras de Cristo, "Separados de mí nada podéis hacer" (Juan 15:5). Dios usa las pruebas que nos mantienen débiles para que podamos "probar nuestra fe" (1 Pedro 1:6-7). Ron Dunn dijo que Jesús es todo lo que necesitas, pero nunca lo sabrás sino hasta que Él sea todo lo que tienes. Nuestra tentación es tratar de hacer para nosotros y para otros lo que únicamente Dios puede hacer. Sea lo que sea que te hace depender de Dios, dale gracias a Dios por ello. Desde su perspectiva eso es lo mejor que tienes obrando a tu favor. Clama a Él en tu día de angustia y Él responderá a tu clamor de arrepentimiento, y tú le honrarás (Salmo 50:15).

Conforme buscamos a Dios en nuestras pruebas, Él desarrolla en nuestras vidas la cualidad de la perseverancia (Romanos 5:3; Santiago 1:3). Dios es quien nos suministra este poder para permanecer, el cual es necesario para poder recibir todo lo que ha prometido (Romanos 15:5; Hebreos 10:36). Abraham Lincoln fue un ejemplo de perseverancia. Fue derrotado en su intento de ser diputado estatal en Illinois en 1832. Fracasó grandemente en sus esfuerzos por establecer negocios, y le llevó diecisiete años pagar todas sus deudas. Se enamoró y se comprometió para casarse, pero su prometida murió. Él resultó con una crisis nerviosa. Fue derrotado en su campaña para el congreso, y su intento de ser designado para un trabajo en la Oficina Nacional de Propiedades fracaso. Hizo campaña para buscar ser elegido como senador pero fue derrotado. Fue nominado como candidato a la vicepresidencia en 1856 pero fracasó. En 1858 fue derrotado como candidato a la presidencia de los Estados Unidos por Douglas. Fue hasta después de todos estos fracasos que llegó a ser presidente de los Estados Unidos.

Permite que tus pruebas te conduzcan al Señor. Todas las áreas de la vida confirman la necesidad de perseverancia. ¿Qué hubiera pasado si el famoso entrenador de futbol americano, Vince Lombardi, se hubiera creído la evaluación de un 'experto'? Quien dijo de él, "Posee un conocimiento muy elemental del futbol americano y le falta motivación" ¿Qué si Beethoven se hubiera creído lo que le dijo su maestro, quien lo llamó "irremediable en composición musical" porque no era ningún virtuoso con el violín y prefería tocar sus propias composiciones en vez de mejorar su técnica con el instrumento? A Walt Disney lo despidieron de un periódico por falta de ideas, y cayó varias veces en bancarrota antes de construir Disneylandia. El maestro del famoso cantante de ópera, Enrico Caruso, dijo que no tenía voz y que no podía ser cantante. A Louisa May Alcott, la autora de *Mujercitas*, su familia le dijo que mejor buscara trabajo de sirvienta. Las pruebas son diseñadas por Dios para conducirnos de la dependencia en nosotros mismos a la dependencia en Dios; nos alientan a buscarle a Él.

Para Realzar tu Ministerio

Cuando estaba entrevistándome para hacer un internado pastoral con Ben Haden, quien en ese tiempo era el pastor de la famosa Primera Iglesia Presbiteriana de Chattanooga, Tennessee. Me preguntó: "¿Alguna vez ha roto Dios tu corazón?" Continuó, "Esa es la preparación para el ministerio, porque vas a estar ministrando a personas con corazones rotos." Dios nos consuela en nuestras pruebas para que podamos rebosar con ese consuelo a otros en sus pruebas (2 Corintios 1:3-5).

Recuerdo haber hablado con un pobre hombre que había sido rechazado por su esposa y sus suegros. Me dijo que una noche había apuntado una pistola a su cabeza, pero por alguna razón no se quitó la vida. Mientras reflexionaba en ese tiempo tan difícil dijo, "Antes de este año no sabía en dónde se encontraba Juan 3:16, pero en su misericordia Dios me ha abierto la Biblia." La agonía que sufrió al recibir ese profundo rechazo le preparó para ser un ministro de consuelo a otros.

La esposa que vive con un marido incrédulo y soporta sus malentendidos y maltratos, puede comunicarle a su esposo de Cristo, a través de un espíritu amable y respetuoso (1 Pedro 3:1-2). Las pruebas pueden tener un efecto purificador en nuestras vidas. Pueden mantenernos libres de orgullo y hacer posible que podamos experimentar más de Su gracia, cuando aprendemos a vivir no para agradarnos a nosotros mismos y a los hombres, sino más bien para hacer Su voluntad (1 Corintios 12:7-19; 1 Pedro 4:1-2). Como escribe el salmista: "Antes que fuera afligido, yo me descarrié, mas ahora guardo tu palabra" (Salmo 119:67).

Mucho del ministerio ocurre en tiempos de pruebas. En oración, ¿quisieras pedirle a Dios que abra tu corazón, para recibir la revelación de Él como tu Padre de misericordias y Dios de toda consolación? Confía en Él para que te dé el don de la paciencia (Romanos 15:5) en tu prueba actual, y para que abra tu vida a cualquier ministerio que Él tenga para ti. A través de la gracia de Dios, puedes descubrir la bondad de Dios en tu dolor y puedes guiar a muchos a descubrir lo mismo.

Capítulo Veintiseis

Experimentando la liberación de la amargura a través de la oración

Jesús dijo, "Y cuando estéis orando, perdonad si tenéis algo contra alguien…" (Marcos 11:25). D.L. Moody dijo, que el pecado que más detiene el poder de Dios en un avivamiento espiritual es un espíritu que no quiere perdonar. Una noche cuando me arrodillé a orar junto a mi cama en el dormitorio, el Espíritu de Dios redarguyó mi conciencia y trajo a mi mente mi enojo contra un compañero. Lo que más miedo me da es que si me hubieras preguntado antes de ese momento, ¿Estás enojado con esa persona?" Hubiera respondido, "No." Además, no habría estado conscientemente tratando de engañarte a ti ni a mí. Necesitamos invitar al Espíritu de Dios para que nos revele la amargura que hay en nuestros corazones, mientras buscamos al Señor con la Biblia abierta. La verdad en ese asunto es que sentía amargura hacia esa persona.

Una clara advertencia de Dios para el esposo es que no sea áspero, es decir, que no guarde amargura contra ella (Colosenses 3:19). El claro mandamiento de Dios para los papás es que no provoquen a ira a sus hijos (Colosenses 3:21). Toda persona de alguna manera lucha contra la ira. Puede ser que no todos la expresen de la misma manera, pero la tentación a incurrir en una ira incorrecta y luego egoístamente intentar justificarnos, es algo que nos ocurre a casi todos.

Las personas tienden ya sea a expresar su enojo en maneras muy activas, en maneras pasivas o de ambas maneras. Algunas expresiones activas incluyen, críticas, sarcasmo, decirse cosas, chismes, acusaciones, señalar cosas, humillar, discriminar, pornografía, ataques verbales, amenazas, intimidaciones, graffiti, homosexualidad, prostitución, furia franca, violencia, asalto, violación, suicidio, asesinato y terrorismo. Algunas de las maneras pasivas incluyen, silencio, retraerse, evitar a la persona, desidia, actuar sin ganas, obstinación, exasperar, drogas y alcohol, celos, depresión, flojera y resentimiento. Permite que el Señor te muestre cualquier manera incorrecta que estés usando para procesar el dolor de tu alma.

El enojo es una reacción equivocada en contra del dolor. Mientras que el enojo que está centrado totalmente en honrar la gloria de Dios puede ser justo, todo intento por buscar la venganza personal no es justo. Algunas personas son creadas con un mayor grado de sensibilidad que otras y tienen una mayor capacidad para sentirse lastimadas. Todos nosotros fuimos creados con la necesidad de sentirnos genuinamente amados, pero no todos tenemos las mismas capacidades.

Recuerdo el testimonio de un misionero piadoso quien estaba atravesando por tiempos difíciles en su vida, matrimonio y ministerio. Puesto que la asesoría que estaba recibiendo no le estaba ayudando a avanzar, fue impulsado a las Escrituras. De su lucha y de su estudio resultó un seminario titulado, "Soluciones Bíblicas para Personas Sensibles". Descubrió que Dios crea personas con diferentes capacidades. Dios nos creó a algunos de nosotros como tazas de té, a otros como vasos de vidrio, otros como cubetas y aún algunos como barriles. En esta analogía la mayor capacidad del recipiente estaba asociada a una mayor sensibilidad. Él se dio cuenta que era un barril, extremadamente sensible. Cualquier aspecto del diseño de Dios en nuestras vidas es un don de Dios, pero todo don puede ser distorsionado por Satanás. En otras palabras, su sensibilidad era un don de Dios, pero el diablo lo estaba usando para preocuparlo con heridas pasadas.

Una ilustración que contrasta los dos extremos, puede arrojar algo de luz sobre este concepto. Una taza de té es una persona directa y práctica; son muy estables. Puede ser que tú seas este tipo de persona o tengas una relación cercana con alguien así. Les hace falta desarrollar un poco más de sensibilidad y la habilidad de expresar amabilidad y compasión. Se levantan; se van a trabajar; y con una estabilidad firme como una roca completan sus tareas y luego al día siguiente hacen lo mismo. Imagina que llamas a esta persona de manera totalmente inesperada y le dices, "Solamente quería llamar para decirte que estaba pensando en ti y que te amo." Su respuesta pudiera ser, "¿Necesitas algo?" "No," responderías, "Solamente quería que supieras que estoy pensando en ti." Puede ser que te cuelguen y piensen, "Me pregunto realmente para qué habló," y luego continuaría con su trabajo. Ahora, el barril, la persona más sensible, puede requerir de varias llamadas de ese tipo cada día para que no vaya a pensar que ya la rechazaste.

Pudiera ser que estos opuestos se junten en una relación. Una parte admira la gran estabilidad de la otra persona, mientras que la otra admira la gran sensibilidad y compasión de su pareja. La "taza de té" puede no comprender de qué manera está lastimando al "barril". El barril puede no comprender las expectativas irreales que está poniendo sobre la taza de té. Aunque ciertamente cada uno de nosotros necesita trabajar en entender y desarrollar sus habilidades interpersonales y las relaciones con las personas que nos rodean, la única solución permanente es aprender a buscar continuamente a **Jesús** para que sea Él quien llene nuestro recipiente, independientemente de su tamaño. Este misionero habló acerca de la necesidad de ir a la Palabra de Dios diariamente y aprender acerca del amor de Dios para uno, y dejar que su mente reflexione en ese amor casi cada minuto. "Si alguno tiene sed, venga a mí y beba" dijo nuestro Señor (Juan 7:37).

¿Cómo estás procesando el dolor? ¿Está tocando una grabadora en las partes más lejanas de tu mente y simplemente parece que no puedes encontrar el botón para apagarla? Cristo desea poner Su mano sanadora sobre las heridas de tu alma. Esta sanidad no depende de que otra persona te entienda perfectamente. Depende de que tú vengas al Señor en completa honestidad y que te abras delante de Él y de Su verdad. Dios también usará a otras personas en tu vida. Ábrete ante otras personas con la seguridad de que al final de cuentas te estás poniendo en las manos del Dios perfecto. Permite que Él llene tu vida con su amor y comprensión.

En su libro, *Glenda's Story: Led by Grace (La Historia de Glenda: Dirigida por Gracia)*, Glenda Revell explica:

> *El abuso sexual de un niño o de una niña es un pecado monstruoso, y la violación del espíritu del pequeño está al mismo nivel. El daño en cualquiera de estos casos parecería irreversible. Pero como dijo el Dr. David Jeremiah, "Nuestro Dios tiene el poder para revertir lo irreversible." Es cierto, pues yo he sido curada por Él de ambas cosas, y eso me llena de un gran anhelo por Él, que la más feliz de las infancias no me hubiera dado.*[1]

En este momento, innumerables personas están siendo heridas y abusadas en un mundo que se encuentra en rebelión contra Dios. Niños están siendo desatendidos y abandonados, y las personas están involucradas en innumerables actos de crueldad. Tú y yo

---

1. Glenda Revell, *Glenda's Story: Led by Grace* (Lincoln, Neb.: Gateway to Joy, 1997) p. 41.

no podemos detener todo esto con un chasquido de nuestros dedos. En el tiempo perfecto de Dios, Él intervendrá con juicio y establecerá su reino. Hoy en día tenemos el privilegio de venir al Padre amoroso con nuestro dolor, de presentar a otros a Aquél que es grande y bueno para sanar nuestros dolores y obrar todas las cosas para nuestro bienestar eterno (Romanos 8:28). ¡Qué Dios obre a tu favor de una manera muy especial!

Capítulo Veintisiete

Viviendo bajo un cielo despejado

Susan sintió una profunda compasión por su amiga Bonnie, quien no tenía un lugar en donde vivir, como resultado de algunas circunstancias difíciles en su vida. Obrando bajo esta compasión, Susan y su esposo Bob invitaron a Bonnie a venir a vivir con ellos hasta que pudiera otra vez normalizar su vida. Después, Susan se vio obligada a realizar un viaje breve para atender una emergencia familiar y a su regreso descubrió que Bonnie le había robado el corazón de su marido y se habían ido a vivir juntos con la intención de casarse.

La reacción "humana" a esta experiencia no sería la de perdonar. Inclusive por ofensas mucho menores que esta, nos brota el deseo de tomar justicia por nuestras propias manos y hasta encontramos un placer sádico en el sufrimiento de la persona que nos causó nuestro dolor. Por esta causa debemos ir con libertad al trono de gracia y ¡hablar con el Señor acerca de nuestro dolor! Susan en verdad ha experimentado el toque sanador y milagroso de nuestro Señor, y no es una mujer amargada. Su respuesta fue más allá de una mera reacción "humana." Ella es un milagro andante.

¿Cómo nos motiva Dios para que perdonemos? ¿Cómo puede una persona ser movida a hacer lo que parte de ella no tiene el menor interés en hacer? La Palabra de Dios nos advierte acerca de las consecuencias negativas de rehusarnos a perdonar.

Aquél que no Está Dispuesto a Perdonar Abre su Vida para ser Atormentado por Satanás

Airaos, pero no pequéis: No se ponga el sol sobre vuestro enojo, ni deis oportunidad al diablo. (Efesios 4:26-27)

Cuando uno se va a la cama enojado, le está dando la oportunidad al diablo de hacer una obra destructiva en su vida. El diablo vino a robar, matar y destruir; pero Cristo vino a darnos vida en abundancia (John 10:10). ¿Invitarías a entrar a tu casa a un ladrón que está tocando a la puerta para que te despoje a ti y a tu familia de tus bienes?

El Señor enseñó que cuando nosotros, los que hemos sido perdonados, fallamos en ofrecer perdón a otros, somos entregados a los verdugos o torturadores (Mateo. 18:21-35; ver 18:34). Esta parábola está enseñando el mismo principio de Efesios 4:26-27. La palabra traducida como "verdugos" se usa como verbo en Apocalipsis 9:5 para referirse a tormentos demoníacos. La persona amargada se abre a sí misma para ser atormentada por temores, lujurias y pensamientos de auto-rechazo.

Aquél que no Está Dispuesto a Perdonar se Verá Plagado de Culpa y no Podrá Orar

Nuestro Señor enseñó que cuando oramos debemos tener un corazón perdonador. Cuando hay amargura en nuestro corazón, no estamos en posición de recibir la limpieza de Dios, la cual está condicionada a que andemos en la luz y a que confesemos nuestros pecados (1 Juan 1:7, 9). No hay un sentimiento de incapacidad mayor, que saber que nuestra comunión con Dios está bloqueada por causa de nuestra falta de disposición a clamar a Él, con respecto a nuestra amargura.

Aquél que no Está Dispuesto a Perdonar estará bajo la Influencia Negativa de la Persona por la que Siente Amargura

Cuando tú o tus seres queridos han recibido un mal, es todo un desafío no fijarse de manera obsesiva en la persona que los lastimó. Hay muchas leyes que forman parte del diseño creativo de Dios para el universo, y tan cierto como la ley de la gravedad, es el principio de que nos volvemos como la persona en quien nos enfocamos. Conforme contemplamos la gloriosa persona de Dios, vamos siendo transformados en Su semejanza moral (2 Corintios 3:18). La amargura es como una cadena que lo encadena a uno bajo la influencia negativa de otro.

La amargura nos abre a muchas influencias negativas. Nos puede afectar no sólo espiritualmente sino también emocionalmente y físicamente. Escucha el libro de Proverbios que enlaza la condición de nuestro ser interior con nuestra salud física:

> *El corazón alegre es buena medicina, pero el espíritu quebrantado seca los huesos. (Proverbios 17:22)*

> *El espíritu del hombre puede soporta su enfermedad; pero el espíritu quebrantado ¿quién lo puede sobrellevar? (Proverbios 18:14)*

La amargura puede agotar la energía física de uno, y hasta aumentar las enfermedades.

¿Cómo podría alguien como Susan, alguna vez llegar a conquistar la amargura, para permitir que sus pensamientos radiquen en aquello que es verdadero, amoroso y digno de alabanza (Filipenses 4:8)? El siguiente capítulo nos proveerá de los componentes básicos para esta transformación. Ojalá puedas usar estos en tu vida y ministerio.

Capítulo Veintiocho

Clamando a Dios por fuerza sobrenatural

Era el año 1947, y el lugar era Munich, Alemania. Corrie ten Boom observaba a un hombre grueso que llevaba puesto un abrigo gris sobre un uniforme azul y una gorra con una visera. La presencia de ese guardia traía a su memoria recuerdos dolorosos de su tiempo en el campo de concentración, donde había pasado por grandes humillaciones. Ella y su hermana Betsie habían sido arrestadas por esconder a judíos en su hogar en Holanda, durante la ocupación nazi del país. Este hombre, que había sido uno de los guardias en el campo de concentración de Ravensbruck, había venido a oírla hablar acerca del perdón.

"¡Un magnífico mensaje, Fraulein! ¡Qué bueno es saber, como dijo, que nuestros pecados están en el fondo del mar!" Estas fueron las palabras del guardia mientras extendía su mano hacia Corrie. Puesto que esta era la primera vez, desde que había sido puesta en libertad, que estaba frente a frente con una de las personas que habían abusado de ella, y que eran responsables por la muerte de su hermana, sencillamente no podía responder.

El guardia continuó, "Usted mencionó Ravensbruck en su plática. Yo trabajé ahí como guardia. Pero posteriormente me convertí a

Cristo. Sé que Dios me ha perdonado por las cosas tan crueles que hice allí, pero me gustaría escucharlo también de sus labios. Fraulein, ¿me perdona?"

Corrie permaneció observando la mano extendida del guardia quien le acababa de pedir perdón. Mientras luchaba interiormente en su espíritu, en silencio oró a Dios, "¡Jesús ayúdame! Yo puedo levantar mi mano, puedo hacer eso, pero Tú provee el sentimiento." Ella exclamó, "¡Lo perdono hermano, con todo mi corazón!" Corrie comenta que nunca había sentido el amor de Dios de manera tan intensa como lo experimentó en ese momento.

¿Por qué desea Dios que tú seas un canal de Su perdón para aquellos que te han lastimado o han lastimado a alguien a quien amas profundamente? Cuando te pide que perdones, no significa que Dios está siendo indiferente a tu dolor. Significa que desea quitarte esa carga que llevas sobre los hombros, esa responsabilidad que sientes de hacer justicia. Él desea que pongas esa carga sobre Él. Puede ser que sea necesario que confrontes a la persona que te lastimó, pero no con un espíritu vengativo. El mandamiento de Dios para nosotros de que perdonemos viene de Su amorosa devoción a nuestro bienestar eterno.

¿Cómo ves a la persona que te lastimó? ¡La manera natural de verlo es como alguien que te lastimó! La manera sobrenatural de verlo es como una persona lastimada a quien Dios puede estarte dirigiendo para que le ministres. Solamente Dios puede hacer posible que estemos dispuestos a ir a ministrar a alguien que nos ha dañado, como lo hizo con Corrie ten Boom.

Una verdad muy triste es el hecho de que realmente nadie tiene el derecho de hacerte enojar. Pero, no podemos permitir que las faltas de otra persona justifiquen nuestro enojo injusto. La persona a la que estamos acusando de hacernos enojar, está siendo usada por Dios para sacar a la luz cuestiones no resueltas en nuestra propia alma. Aunque esto sea muy humillante, permite que el Señor te muestre cualquier culpa o amargura no resuelta en tu alma, y recuerda que Él siempre dará Su gracia al que se humilla.

Mientras luchaba por tener la actitud correcta para con alguien, comencé a reflexionar en mis apuntes acerca de la ira. Me di cuenta que me encontraba exhausto en mi espíritu. Le dije al Señor que estaba cansado de tratar de ser piadoso y fatigado de tratar de producir la actitud correcta. En ese momento mientras caminaba por la calle LaSalle en Chicago, percibí un concepto en mi mente. Temporalmente, me olvidé acerca de tratar de ser perdonador y comencé a alabar a Dios, porque Aquél que conocía todo respecto a mí, por Su gracia me había perdonado en Cristo. Mientras alababa a Dios, una nueva fuerza vino a mi alma. Mientras buscas confiar en que Dios construirá esa actitud de perdón en tu corazón, no pierdas de vista lo que Dios ha hecho por ti. No nos está pidiendo que hagamos por otros lo que primero no ha hecho Él en nosotros por Su gracia. Martyn Lloyd-Jones declaró, "Digo, para la gloria de Dios y en absoluta humildad, que cada vez que me veo a mí mismo delante de Dios y me doy cuenta de alguna cosa que mi bendito Señor ha hecho por mí, estoy listo para perdonar a cualquiera, cualquier cosa." Él desea tener intimidad con nosotros a pesar de que lo hemos ofendido innumerables veces con nuestras palabras, actitudes y acciones. Glenda, una víctima de abuso sexual cuando pequeña, comparte cómo Dios iluminó su mente con el perdón divino:

> *Me mostró una vez más el Calvario... Vi el horror de mi pecado, clavando al Hijo de Dios a esa miserable cruz, torturándole, escarneciéndole, escupiéndole. No obstante Él me perdonó libremente. Nadie cometió tales atrocidades contra mí. ¿Cómo podía hacer algo menos que perdonar?*

El perdón vino. Y vino con sanidad, con una paz y libertad completa—libertad absoluta—para servir a mi Señor y para disfrutar de Su amor y paz ahora y para siempre.[1]

¡La alabanza puede poner fuerza espiritual en tu alma!

Dios también puede darte esperanza y victoria en áreas donde anteriormente has fallado. ¿Cómo puede uno evitar caer en el mismo fracaso espiritual repetidas veces? Yo sé lo que es responder mal a una situación, sentir remordimiento después de haber sido redargüido, confesar genuinamente mi pecado a Dios y luego de nuevo, en una fecha posterior, volver a caer en el mismo pecado. Es casi como si tuviéramos programadas internamente en nuestras vidas esas respuestas equivocadas. Las buenas noticias son que Jesús derramó Su sangre en la cruz, no sólo para perdonarnos, sino también para darnos la autoridad para vivir una vida nueva. Dios implantó una nueva esperanza en mi espíritu cuando comencé a confiar en Él con base en la muerte y resurrección victoriosa de Jesucristo, para que construyera nuevos patrones de pensamiento y respuestas en estas áreas de fracasos repetidos.

¿Qué significa perdonar verdaderamente a alguien? Esa era la pregunta que me estaba haciendo una noche mientras luchaba en mi mente. No queriendo irme a la cama enojado, puse a esa persona en manos de Dios, y le dije que estaba tomando la decisión de soltar a esa persona, dejarla en sus manos y abandonar mi derecho a "emparejar las cuentas". Conforme dejé ir a esta persona y la puse en las manos del Señor, oré, "Señor, hasta a regañadientes te pido que bendigas a esta persona, pero si estás buscando a quien usar para hacer esto en su vida, no cuentes conmigo." Al hacer esta oración me di cuenta de que

---

1. Glenda Revell, *Glenda's Story: Led by Grace* (Lincoln, Neb.: Gateway to Joy, 1997). 98

todavía estaba enojado y que no había realmente perdonado. El verdadero perdón incluye, no solamente soltar a la persona en manos de Dios, sino también ofrecernos nosotros al Señor como instrumentos dispuestos a obrar el bien en esa vida. Lo que esto involucra es una página en blanco que tenemos que dejar que el Señor llene. Puede meramente significar que vamos a orar por ellos. Pero puede significar que los vamos a confrontar. En mi caso, sentí que el Señor quería que le hablara por teléfono esa noche para alentarlo. Mientras marcaba los números, mi espíritu fue liberado. En este caso el doloroso malentendido se aclaró y resolvió, pero en cada caso debemos encomendar el resultado al Señor y en cuanto dependa de nosotros debemos estar en paz con todos los hombres (Romanos 12:18). En ocasiones podemos levantar un puente de reconciliación, pero la otra persona puede decidir no cruzarlo.

Antoine Rutayisire, un líder cristiano africano, describe lo que le ocurrió cuando era niño:

Cuando tenía cinco años de edad, mi padre fue salvajemente atacado a plena luz del día, delante de nuestros ojos, y dejado por muerto en frente de nuestra casa. Posteriormente se recuperó, pero fue de nuevo tomado y nunca más lo volvimos a ver. No sabemos cómo ni dónde ni cuándo ni quienes lo mataron. Fue tomado por el jefe de nuestro distrito quien también se llevó a muchos otros Batutsi, y algunos Bahutu sospechosos de ayudar al "enemigo", y se nos dijo que habían sido fusilados.

Nunca vimos su cuerpo; no nos fue posible sepultarlo. Esto nos mantuvo en un estado de suspenso por varios años, pues teníamos la esperanza de que tal vez se había escapado y que algún día regresaría. La muerte de un ser querido es muy difícil de aceptar cuando no se ha sido testigo de ella, o no se tienen evidencias como un sepulcro para demostrarlo. Crecí pensando que tal vez mi papá se encontraba en algún lugar y algún día regresaría. Cuando hablaban de su muerte, mi corazón y mente jóvenes no lo podían aceptar. Hoy puedo comprender a muchas personas que se sienten de manera similar, porque no tienen evidencias de la muerte de sus seres queridos.

Cuando finalmente llegué a aceptar la muerte de mi padre, volví mi enojo sobre las personas que había visto golpeando a mi padre y robándose nuestros bienes. Cada vez que tenía un problema siempre recordaba la escena de la masacre, y echaba la culpa de mi problema sobre esa gente. "Si no hubieran matado a mi padre, no tendría que enfrentar tal problema", era mi manera simplificada de pensar.

Crecí hasta odiando a sus hijos. Recuerdo que acostumbraba perseguir a uno de ellos que estaba conmigo en la escuela secundaria. Él era mucho más chico que yo y ni siquiera entendía porqué lo odiaba tanto y nunca me tomé la molestia de explicarle.

Luego durante las masacres de 1972-73 tuvimos que pasar por una serie de escapes humillantes; pasamos noches sin dormir, escondidos, inciertos respecto a nuestro futuro. Sobreviví a esa experiencia, pero eso agregó nombres a mi lista de enemigos que odiaba. Al árbol de odio étnico en mi corazón le estaban creciendo ramas.[2]

Aunque muchos de los familiares de Antoine fueron muertos, su vida fue librada, y después de ir a la universidad, fue profesor de la Universidad Nacional de Rwanda en Butare. Después de un año en ese trabajo, súbitamente fue despedido porque el gobierno

---

2. Antoine Rutayisire. *Faith Under Fire.* (Essex, Africa Enterprises 1995). 105,106

consideró que había muchos profesores con ese trasfondo étnico. Para combatir su aburrimiento, comenzó a leer la Biblia de principio a fin varias veces. El tema del perdón lo conmovió, pero la cuestión de superar su amargura y enojo contra las personas que asesinaron a su familia le parecía imposible. Sin embargo, agregó: "La comunión con Dios estaba llegando a ser tan preciosa para mí, que no quería arriesgarla por rehusarme a entregarle mi enojo a Dios."[3]

Continúa:

> *Me tomé un día a solas, y me senté a orar, y a perdonar a cada una de las personas que odiaba y a pedir la bendición de Dios sobre todas ellas. Hice una lista de todos sus nombres con los males que me habían hecho a mí o a mi familia. Enseguida comencé a declarar que los perdonaba a cada uno por nombre, uno por uno y pidiendo la bendición de Dios para ellos, sus hijos, sus negocios y sus parientes.*
>
> *Fue un ejercicio muy doloroso y lo tuve que hacer vez tras vez. Pero el resultado fue tremendo. Fui liberado y sanado en mi interior y ya no sentía esa punzada aguda que provoca la amargura cada vez que alguien mencionaba alguno de los nombres de esos "enemigos" en mi presencia.*[4]

Si deseas la gracia de la oración en tu ministerio, debes tomar en serio las palabras de Cristo, "y cuando estuviereis orando, perdonad, si tuvieres algo contra alguno…" (Marcos 11:25). Que Dios haga un milagro en ti, y a través de ti cada día.

---

3. Ibid. 107
4. Ibid.

Capítulo Veintinueve

Compartiendo nuestras necesidades y anhelos con Dios en oración

En uno de los disturbios callejeros en Los Ángeles que siguieron al veredicto de Rodney King, Reginald Denny fue arrastrado de su camión y maliciosamente golpeado por una pandilla enfurecida. Después de una recuperación muy dolorosa visitó a sus atacantes para saludarles de mano y expresarles que los había perdonado. Tal acción era difícil de comprender. De hecho la explicación de uno de los reporteros que cubrió la nota, era que el Sr. Denny estaba sufriendo de daño cerebral.

Dmitri era un pastor encarcelado en una prisión de Romania donde fue torturado con golpes de martillo antes de que el dictador Ceausescu fuera depuesto. Su cuerpo quedó paralizado de manera que solamente podía mover su cuello. En la prisión no había enfermera que pudiera cuidar de él, no tenía ahí una esposa o madre que le cambiara las sábanas y tampoco había manos amorosas que durante el día pudieran ofrecerle aunque fuera un vaso de agua. Permanecía acostado en su litera en medio del desperdicio de su cuerpo hasta que regresaban sus compañeros de prisión de su esclavitud laboral para ayudarle a beber un vaso de agua.

Después de permanecer en la prisión en estas condiciones por dos años, experimentando lo que se pudiera llamar "el infierno en la tierra," fue liberado en diciembre de 1989 cuando el dictador fue depuesto. Aunque seguía sin poder mover sus manos y sus pies, ahora había otras manos amorosas que lo ayudaban.

Un día el comunista que lo había dejado inválido llegó a su puerta. Él le dijo, "Señor, no piense que he venido a pedirle perdón. Para lo que yo le he hecho, no hay perdón, no en la tierra y tampoco en el cielo. Usted no fue el único que torturé de esta manera. Usted no me puede perdonar; nadie me puede perdonar. ¡Ni siquiera Dios! Mi crimen es demasiado grande. He venido solamente a decirle que lamento lo que he hecho. De aquí me voy a ahorcar. Eso es todo."

Mientras se daba la vuelta para retirarse, el Pastor Dmitri dijo, "Señor, en todos estos años no me he lamentado tanto de no poder mover mis brazos como me lamento el día de hoy. Quisiera poder extenderlos para abrazarlo. Durante años he orado por usted todos los días. Lo amo con todo mi corazón. Está usted perdonado."[1]

Estas personas habían llegado a experimentar la gracia de Dios y el milagro del perdón. Al otorgar el perdón, no estaban negando que habían sido lastimados, ni era un esfuerzo por enterrar su horrible y dolorosa experiencia, o por echarla fuera de sus mentes. Era un acto de su voluntad para obedecer el mandamiento de Dios de perdonar, motivado y posibilitado por la gracia de Dios en oración.

Conforme uno anda en humilde transparencia delante del Señor, uno puede experimentar Su ayuda. Un día que caminaba por la calle con Sean, él comenzó a compartir conmigo algo que

---

1. Richard Wurmbrand, "Give Me a Gem of Christian", *Voz de los Mártires,* Diciembre 1998, 14.

estaba aprendiendo. Comentó que anteriormente cuando estaba luchando con alguna tentación, se imaginaba a Dios mirándolo desde el cielo para ver cómo iba a responder a esa lucha. "Ahora", me dijo, "no es Dios viéndome desde allá arriba en el cielo sino es Dios aquí mismo ayudándome a pelear contra **nuestro** enemigo común." David tuvo el valor de combatir a Goliat porque no lo percibió como un combate de Goliat contra David sino más bien de Goliat contra Dios. Pon aquello que más te tienta a responder con amargura en las manos de Dios, y deja que Él gane esa victoria. Es nuestra responsabilidad andar en la luz delante de Dios sin ocultar pecados "secretos.".

Nos podremos entender mejor a nosotros mismos, cuando enfrentemos la verdad de que Dios nos ha creado a cada uno de nosotros con ciertas necesidades; tales como: la necesidad de ser amado, la necesidad de sentirnos seguros, la necesidad de ser apreciados y la necesidad de ser comprendidos. Estas necesidades legítimas no tienen nada de pecaminosas, ni podemos llegar a un lugar en el cual dejen de estar presentes en nuestro corazón. Lo que hacemos con estas necesidades es enteramente otro asunto. Podemos convertirlas en exigencias para otras personas. En una relación, podemos convertir nuestra necesidad de ser amado y apreciado en una exigencia, obligando a la otra persona a responder de cierta manera para hacernos sentir amados y apreciados. Cuando esta expectativa o exigencia no se ve satisfecha, el enojo es la respuesta natural. La ira brota cuando tomamos necesidades legítimas, dadas por Dios, y las convertimos en exigencias y expectativas nuestras.

Las corrientes de nuestro enojo fluyen en una de tres direcciones. Cuando tomamos nuestras necesidades y las convertimos en exigencias, que Dios tiene que satisfacer de cierta manera y en determinado tiempo, entonces nos colocamos en una posición de responder con amargura contra Dios. En nuestra mente, Dios no es realmente bueno porque no respondió de acuerdo con nuestras expectativas. Segundo, cuando convertimos estas necesidades en expectativas que imponemos a otras personas, al final nos sentiremos desilusionados y enojados con esas personas. Como resultado, estas expectativas pueden fácilmente destruir relaciones. Tercero, hasta podemos poner exigencias equivocadas sobre nosotros mismos que dan por resultado frustración al no poder vivir de acuerdo con esas expectativas. Nuestro enojo puede ser dirigido contra Dios, contra otras personas o contra nosotros mismos.

¿Cómo debemos manejar estas necesidades dadas por Dios de una manera piadosa? Involucra primero ceder, presentar y ofrecer algo a Dios. ¿Qué cedemos? Debemos ceder nuestros deseos a Dios. Se requiere cierto conocimiento de Dios para poder confiarle a Él nuestros deseos. Bueno fuera que tuvieras la suficiente experiencia como para darte cuenta que algunos de tus deseos pueden tener la vista muy corta, y hasta ser engañosos. Lo que era para ti una lucha muy fuerte cuando estabas en el bachillerato, puede ya no ser una preocupación mayor treinta años después.

Algunos de nuestros deseos pueden ser deseos superficiales. Al llamarlos deseos superficiales no lo hago para restarles importancia sino simplemente para afirmar que hay deseos más profundos debajo de éstos. Cuando el apóstol Pablo repetidas veces le pidió al Señor que le quitara su aguijón en la carne, esto reflejaba un deseo superficial. Sin embargo, Dios no respondió a esta oración como Pablo lo solicitaba con el propósito de darle un deseo mayor; ¡para que experimentara más de la gracia y del poder de Dios (2 Corintios 12:7-10)!

Tony Dungy fue el entrenador en jefe de los Potros de Indianápolis. Al dirigir la palabra a centenares de personas que se habían reunido en la sala de conferencias del cuarto piso del Hotel Marriott Renaissance en Detroit, Michigan, la mañana

COMPARTIENDO NUESTRAS NECESIDADES Y ANHELOS CON DIOS EN ORACIÓN

anterior al Supertazón XL, compartió acerca de las lecciones que había aprendido de sus hijos:

Habló acerca de su hijo de en medio, Eric, de quien dijo compartía su competitividad y que está enfocado en los deportes "al grado que casi es un problema." Habló de su hijo menor, Jordan, quien tiene una rara enfermedad congénita que le hace no sentir dolor. "Siente cosas, pero no tiene la sensación de dolor," dice Dungy.

"Las lecciones que hemos aprendido de Jordan," dijo Tony Dungy, "son muchas." "Al principio eso suena como algo bueno, pero créanme, no lo es," expresó Dungy. "Hemos aprendido que algunos dolores son necesarios para los niños. El dolor es necesario para los niños para que descubran la diferencia entre lo que es bueno y lo que es dañino."

"A Jordan," comentó Dungy, "le encantan las galletas. "Las galletas son buenas," dijo Dungy, "pero en la mente de Jordan, si son buenas en el plato, son todavía mejores tomadas directamente del horno. Cuando mi esposa no está viendo, va directamente al horno, lo abre, jala la rejilla, saca la charola de las galletas, se quema las manos y se come las galletas y se quema la lengua y no siente nada. No sabe que eso es malo para él." "Jordan," explicó Dungy, "no le teme a nada, de manera que tenemos que estarlo vigilando constantemente." "La lección que he aprendido," agregó Dundy, "es sencilla."

"Escuchamos la pregunta a cada rato: "¿Por qué permite el Señor dolor en nuestras vidas? ¿Por qué le pasan cosas malas a la gente buena? Si Dios es un Dios de amor, ¿por qué permite que sucedan estas cosas tan hirientes?", comentó Dungy. "Hemos aprendido que muchas veces, debido al dolor, debido a ese pequeño dolor temporal, es

que aprendemos qué es lo que nos hace daño. Aprendemos a temer las cosas que se deben temer."[2]

También debemos ceder nuestras expectativas y exigencias que ponemos sobre otros a Dios. Uno se puede preguntar, "¿Está mal el siempre tener expectativas de otros?" Claro que no, pero lo que lo puede hacer malo es la motivación detrás de las expectativas. Seguramente no es malo que un padre espere que su hijo lo obedezca. Sin embargo, si su motivación para la obediencia del hijo es verse bien y no el bienestar del hijo, entonces las expectativas no satisfechas se convertirán en enojo.

Puede ser que hasta tengamos que ceder a Dios las exigencias ilegítimas que estamos poniendo sobre nosotros mismos. Jesús nos dice que la verdad nos hará libres, porque puede librarnos de la esclavitud a las ideas equivocadas. Recuerdo un hombre piadoso que un día me vino a describir su frustración al tratar de agradar a una persona clave en su vida. "Cada vez que estoy con este hombre parece que nada de lo que digo o hago le agrada," exclamó. Conforme platicamos, pudimos identificar la mentira que lo controlaba: "Es mi responsabilidad hacer feliz a este hombre." Esta es una mentira, pues pone exigencias sobre la persona que no puede manejar. De hecho, permite que la manera en que la otra persona responda determine si hemos tenido un buen día o un mal día. Esta mentira necesitaba ser reemplazada con la siguiente verdad. "Es mi responsabilidad ser un conducto del amor de Dios hacia este hombre, y confiaré en que Dios le ayude a responder correctamente, pero yo no me sentiré responsable por su respuesta." El hombre fue liberado de esa esclavitud.

---

2. La fuente de esta historia es un artículo anónimo que recibí en un correo electrónico. (El artículo se publicó originalmente el sábado, 4 de febrero de 2006 en "Spreading His Message," www.Colts.com)

Cuando uno genuinamente cede sus deseos y exigencias al Señor en oración, siempre va a ganar. Primeramente obtiene libertad de la idolatría y obtiene la libertad para buscar a Dios confiadamente. Dios creó al hombre como una criatura dependiente, con necesidades que solamente Él puede satisfacer plenamente. Un ídolo es aquello que uno busca para satisfacer la sed de nuestro corazón. Un ídolo puede ser una persona, una posición o puesto, una posesión o hasta una práctica. Podemos idolatrar una relación con alguna persona, un trabajo, un automóvil, una casa, la comida, el sexo o el entretenimiento. Cuando ponemos nuestros ojos en cualquier cosa que no sea Dios, al final de cuentas seremos decepcionados. "Se multiplicarán las aflicciones de aquellos que han corrido tras otro dios" (Salmo 16:4a). Jesús nos instruye a venir a Él con nuestros corazones sedientos y Él nos puede satisfacer abundantemente (Juan 7:37-39).

Cuando uno cede sus deseos y exigencias al Señor, también obtiene una libertad para vivir delante de Él. Su vida ya no dependerá de las opiniones de las demás personas. Solamente Jesús puede prometer esto conforme vivimos bajo su yugo (Mateo 11:28-30). Cristo quiere enseñarnos de manera vivencial que Él es un Amo **maravilloso**, y que nosotros podemos ser un amo cruel para nuestras vidas. La Biblia dice que aquél que confía en su propio corazón es un necio (Proverbios 28:26a). Cuando algo es muy importante para nosotros, tenemos la tendencia a tomar el asunto en nuestras propias manos para tratar de resolver nuestro propio problema. Cuando somos lastimados por alguien, hay la tendencia a pensar que nos corresponde a nosotros hacer justicia. Esto puede convertirse en una carga insoportable. Podemos estar seguros de que Dios no solamente siente cada dolor que sienten Sus hijos, sino que también finalmente corregirá todo agravio. Un día habrá la "revelación del justo juicio de Dios" (Romanos 2:5) porque "Los labios veraces permanecerán para siempre; pero la lengua mentirosa, sólo por un momento" (Proverbios 12:19).

El ceder nuestros deseos y exigencias a Dios también conduce a la libertad de ser agradecido. ¿Qué es lo que tú y yo estaríamos experimentando en este momento si se nos diera lo que merecemos? Estaríamos en un lugar de tormento eterno, sufriendo dolores insoportables y una absoluta soledad. Cualquier cosa que viene a nuestras vidas, que no es ese "tormento" que nos merecemos, se debe a la gracia de Dios. Una comprensión de la santidad de Dios nos conduce a darnos cuenta que todos hemos pecado y merecemos el justo juicio de Dios. La muerte magnánima de Jesús es el regalo de Dios para librarnos de ese castigo. Cuando cedemos nuestras demandas y expectativas a Dios, quedamos libres para ser agradecidos por toda buena dádiva, y todo don perfecto que viene de nuestro Dios de gracia (Santiago 1:17). Hay dos maneras de ver una relación. Una es evaluar lo que la otra persona **no** está haciendo para ti. La otra manera es estar agradecido por lo que la otra persona está haciendo para ti. La libertad para ser agradecido es el fruto de ceder nuestras exigencias y deseos a Dios. Cuando esperamos o exigimos que las personas satisfagan nuestras necesidades dadas por Dios, siempre quedaremos decepcionados. Sin embargo, cuando por medio de la oración entregamos esas demandas al Señor, entonces podemos celebrar la verdad de que son una reflexión y un instrumento de Dios. Que esta sea tu vivencia continua.

Sección Cinco

La necesidad de ser librados de la culpa—experimentando la gracia de la convicción y de la limpieza continua

Toda persona que ha sido creada por Dios ha recibido una conciencia. Dios implanta en nuestras conciencias Su eterna ley moral. Puesto que nadie jamás ha vivido de conformidad con esta ley, la culpa es un problema universal. Únicamente en Cristo puede uno encontrar el remedio para su culpa.

La muerte de Cristo no solamente hace posible el perdón que nos reconcilia con un Dios Santo, sino que también hace posible la limpieza continua que posibilita al creyente para andar con Dios momento a momento. Un médico del alma necesita aprender a discernir hábilmente entre las acusaciones del maligno y la cariñosa convicción del Espíritu Santo. También necesita aprender la libertad de andar en la luz y de mantener el gozo intenso de tener una limpia conciencia delante de Dios. Mi oración es que estos próximos capítulos te puedan ayudar en tu jornada personal y en tu ministerio a otros.

Capítulo Treinta

Entendiendo la bondad de la convicción de Dios

Uno no puede experimentar la gracia de Dios si uno está siendo motivado por la culpa. Uno tiene que aprender a tratar con la culpa a la manera de Dios, y el primer paso es ver correctamente lo que es la convicción de Dios. Samuel era un hombre con una adorable esposa, pero la trataba con sarcasmo, le hacia exigencias inusuales, y hasta le retiraba su amor y atención. Cuando se dio cuenta que estaba destruyendo su matrimonio, fue a ver a un consejero matrimonial. Enfrentó el problema como un hombre de verdad— ¡le echó la culpa a su esposa! Cuando finalmente se comportó de manera honesta comenzó a ver la raíz del problema.

Durante sus años en el servicio militar había pasado dos semanas de descanso de sus actividades militares en Japón. Caminando por las calles de Tokio, su soledad y terrible nostalgia por su hogar lo llevaron a tomar una decisión equivocada. Visitó a una prostituta en varias ocasiones durante su estadía en Japón.

Samuel ahora era un pastor pero no había podido perdonarse a sí mismo por aquella caída. Cuando regresó a casa tras haber concluido de sus deberes militares, fue recibido por su fiel prometida quien le había estado esperando. Él nunca compartió los conflictos morales de su pasado con nadie y simplemente no se podía perdonar a sí mismo por lo que había hecho. Inconcientemente llevó consigo al matrimonio el pensamiento de que no tenía el derecho de disfrutar de su esposa. Siendo atormentado por su culpa, trataba con terrible aspereza a su esposa y lastimaba a los feligreses con sus sermones excesivamente duros y críticos.[1]

La culpa es un fenómeno con el que toda persona tiene que tratar, porque a toda persona que Dios ha creado le fue dada una conciencia. En esta conciencia Dios escribe Su eterna ley moral. La concientización de que uno ha violado esta ley moral hace sonar una alarma y nos hace conscientes de nuestra culpa moral.

¿Cómo responde la gente a esta alarma? La persona puede escoger *suprimirla* tal y como presiona el botón de la alarma en el reloj despertador. La supresión puede tomar la forma de tratar de *racionalizarla, culpando o criticando* a otros para minimizar su error. Uno de los resultados de la rebelión abierta es el deseo de echar por la borda toda restricción moral. Un antídoto común es intentar hacer algo para *compensar* nuestra culpa y eso se convierte en algo motivado por la culpa. La *confesión superficial* es un intento por quitar la culpa, pero no va acompañada del deseo o la intención de cambiar nuestra vida.

¿Cuál es una manera saludable de responder a nuestra culpa? Si eres un inconverso sólo hay una manera saludable de responder a la verdad de tu culpa por haber violado la ley de Dios: admitir tu culpa y confiar en Jesucristo quien murió como tu sustituto y pagó el castigo de tu pecado. "Porque también Cristo padeció una sola vez por los pecados, el justo por los injustos…" (1 Pedro 3:18)

Cuando un creyente peca contra Dios, ¿cuál es la manera correcta de responder a su culpa? La primera cosa que Dios

---

1. Seamonds. *Healing for Damaged Emotions.* Victor Books, Wheaton, Ill. 1981, p. 31-32.

desea enseñar a sus hijos, es que la convicción de pecado que viene a nuestro corazón o conciencia no debe considerarse como una condenación. Cuando uno está en Jesucristo, queda libre de la ira condenatoria de Dios (Romanos 8:1).

Conforme Dios estaba trayendo a mi atención varias cuestiones en mi vida que necesitaban corregirse, la respuesta en mi mente era, "Señor, ¿cuándo me vas a dejar en paz?" En ese momento otro pensamiento entró en mi mente. Era, "¡Te amo tanto que nunca te voy a dejar solo!" Desde ese día no he vuelto a ver la convicción de Dios de la misma manera. Estoy tan contento de que Dios no me ha "dejado en paz." La humillante verdad es que el creyente todavía tiene la capacidad de destruir su vida y las relaciones que hay en su vida.

He aprendido a darle el significado correcto a la convicción de Dios. Cuando Dios nos redarguye, nos está diciendo: "Deseo que experimentes mi amor." Es cierto que Dios puso Su amor sobre nosotros cuando aún éramos impíos, débiles, pecadores y sus enemigos (Romanos 5:6-10). Aunque es cierto que tiene un amor incondicional por mí, también es cierto que un hijo obediente *experimenta* más del amor de Dios. Piensa en un padre amoroso que trata con dos de sus hijos; uno es muy obediente y cooperativo y el otro es muy rebelde. El padre *ama* a ambos hijos, pero el hijo obediente disfruta de mayores *vivencias* del amor del padre. De la misma manera, Dios manifiesta su presencia al creyente obediente:

> *"El que tiene mis mandamientos, y los guarda, ése es el que me ama; y el que me ama, será amado por mi Padre, y yo le amaré, y me manifestaré a él."* " *Jesús respondió, y le dijo: Si alguno me ama, guardará mi palabra; y mi Padre lo amará, y vendremos a él, y haremos con él morada."* (Juan 14:21 y 23)

Conforme Cristo more en nuestros corazones, seremos capaces de comprender y experimentar todas las dimensiones del amor de Dios:

> *De manera que Cristo more por la fe en vuestros corazones, y que arraigados y cimentados en amor, seáis capaces de comprender con todos los santos cuál es la anchura, la longitud, la altura y la profundidad, y de conocer el amor de Cristo, que sobrepasa el conocimiento, para que seáis llenos hasta la medida de toda la plenitud de Dios. (Efesios 3:17-19)*

Si hay alguien en tu vida que está dispuesto a decirte la verdad aun cuando tú no deseas oírla, tienes a alguien que verdaderamente te ama. La convicción de Dios es una prueba de Su amor por ti. Él desea que tu vida sea fructífera. Dios no es indiferente a tu vida.

> *En esto es glorificado mi Padre, en que deis mucho fruto, y así probéis que sois mis discípulos. (Juan 15:8)*

Dios está eternamente satisfecho y es eternamente suficiente. No le hace falta nada. Él es perfecto en toda manera. En Su amor perfecto desea tener comunión contigo. Significa mucho para Él, que tú puedas disfrutarlo por quien es Él. Cuando tu pecado estorba esta comunión, Él envía por Su amor y gracia, convicción a tu conciencia.

¿Por qué no darle gracias a Dios ahora mismo porque no te ha dejado solo? Esta es la disciplina amorosa de Dios. Dios desea enviar Su convicción sobre ti y cuando lo hace te está diciendo:

1. Deseo que experimentes mi vida.
2. Deseo que tu vida sea fructífera y productiva.
3. Deseo tener comunión contigo y tomo esta relación muy en serio.

Ojalá abras tu vida a la amorosa convicción de Dios y te conviertas en Su instrumento, para que otros también experimenten esto.

Capítulo Treinta y Uno

Encontrando libertad al andar en la luz

Si uno desea experimentar la gracia de orar sin cesar (1 Tesalonicenses 5:17), es fundamental que entienda el concepto de "andar en la luz". Como estudiante universitario, asistí a la Universidad de Auburn. Está ubicada en la ciudad de Auburn, Alabama, como a unas cincuenta millas de mi hogar en Montgomery, Alabama. Un fin de semana al mes iba a casa para cumplir con mi obligación militar con las reservas de la fuerza aérea. En uno de esos fines de semana, también llegué con el propósito de compartir de Cristo con unos chicos que vivían a unas cuantas casas de distancia de la mía. Cuando los vi en el patio de su casa me acerqué y comencé a hablar con ellos. Aunque me escucharon, como que no parecían estar muy interesados.

Mientras caminaba de regreso a casa, se me acercó un joven y me preguntó que si le podía ayudar a encontrar trabajo. Le respondí, "Creo que sí te puedo ayudar." En ese tiempo mi tío tenía un negocio de plomería y sabía que había la posibilidad de que necesitara contratar un empleado. Le pedí al joven que primero viniera a mi casa porque le quería compartir algo. Mientras le compartía el evangelio parecía que lo estaba comprendiendo. Cuando le pregunté, "¿Quisieras confiar en Jesucristo ahora mismo para que sea *tu* Salvador?" Su respuesta fue, "Es que no puedo hacerlo; no puedo hacerlo." Después de preguntarle porqué sentía que no podía confiar en Cristo, me respondió, "Es que no confío en mí mismo. Después de que me vaya me preocupa que vaya a pecar." En su mente pensaba que cualquier pecado que cometiera en el futuro, "anularía" su conversión. De una manera muy sencilla le expliqué cómo trata el creyente con su pecado. Aunque no hubo nada sofisticado en mi explicación, la verdad impactó su corazón y expresó el deseo de confiar en Jesucristo para su salvación. El hecho de que Jesús murió en la cruz, es un evento histórico, pero la creencia genuina de que Jesús murió por mí, eso es salvación.

Después de que el joven confió en Jesús, comenzó a saltar y a decir en voz alta, "¡Tengo vida eterna; tengo vida eterna!" Luego comenzó a caminar hacia la puerta. Lo alcancé y le dije, "Te dije que iba a tratar de ayudarte a encontrar trabajo." Me respondió, "Tengo vida eterna y eso es suficiente por ahora." Su necesidad temporal momentáneamente tomaba un lugar secundario. Este joven acababa de experimentar el *gozo* que viene de tener una verdadera comunión con Dios (1 Juan 1:3-4).

La Única Persona Perfecta (1 Juan 1:5)

La comunión con Dios es gozosa porque, ¡es comunión con *DIOS!* El resumen que hace el apóstol Juan del mensaje de Jesús es que "Dios es luz, y en Él no hay tiniebla alguna" (1 Juan 1:5). Él es el único de quien se puede decir que entre más de cerca lo ves, mejor se ve. No hay ninguna mancha en su carácter. Él es perfecto en todo sentido: en Su carácter, acciones, palabras y motivaciones. Él le da a Su pueblo el don de poder disfrutarlo en Su perfección—esto es verdadero gozo. Cuando tú y Dios caminan juntos estando de acuerdo, puedes experimentar gozo. Debido a que Jesús en Su humanidad *siempre* anduvo en perfecto acuerdo con Su Padre celestial, fue la persona más gozosa que jamás ha vivido (vea Hebreos 1:9).

Ausencia de Hipocresía, Auto-engaño y Racionalización (1 Juan 1:6, 8, 10)

Dios ha provisto una manera para que andemos con Él, ¿cómo es esto? Él declara que se requiere la ausencia de *hipocresía*. Si uno profesa tener comunión con Dios pero anda en tinieblas, es un mentiroso (1 Juan 1:6). Su vida no concuerda con lo que profesa creer. Es un desafío no ser un hipócrita. Cuando cantamos "Dulce Oración", ¿es una realidad en nuestra vida? Cuando cantamos "Que mi Vida Entera esté Consagrada a ti Señor" ¿realmente lo decimos en serio? ¿Estás andando, sabiendo que hay pecado en tu vida? Si ese es tu caso, no podrás disfrutar de compañerismo con Dios, porque Él requiere que no haya hipocresía en la relación.

Dios también requiere la ausencia de auto-engaño y la ausencia de la racionalización. Si decimos que no tenemos pecado o en otras palabras, si negamos nuestra culpa y nuestra necesidad de la sangre limpiadora de Jesús, estamos viviendo en engaño y la verdad de Dios no está teniendo una influencia controladora en nosotros (1 Juan 1:8). En la misma manera, si rehusamos estar de acuerdo con la convicción que Dios trae por nuestro pecado, porque negamos el pecado, entonces estamos llamando a Dios mentiroso y no dejamos que Su palabra permanezca en nosotros (1 Juan 1:10). La única manera de experimentar el gozo de la comunión con Dios es vivir en completo acuerdo con Él. Esto requiere no solamente de la ausencia de hipocresía, sino también de la ausencia de auto-engaño y de racionalización.

Andando en la Luz (1 Juan 1:7, 9)

La responsabilidad del creyente es andar en la luz. Esto significa ser *abierto, honesto y transparente* delante de Dios y de su verdad. Es lo opuesto a encubrir nuestro pecado. La Biblia nos hace una promesa la cual es verdadera, ya sea que la creamos o no. La primera parte de Proverbios 28:13 declara, "El que encubre sus pecados no prosperará." No debemos dar asilo en nuestras vidas a pecados secretos. En algunos casos, para que podamos verdaderamente sacar algún asunto a la luz, deberemos seguir el consejo de Dios, en Santiago 5:16: "Por tanto, confesaos vuestros pecados unos a otros, y orad unos por otros." Las buenas noticias son que puedes luchar en la luz. Cuéntale al Señor acerca de tus tentaciones y haz el propósito de convertir cada tentación en una conversación con Dios.

¿Qué sucede cuándo andas abiertamente, honestamente y de manera transparente delante de Dios? Según 1 Juan 1:7, puedes experimentar una continua limpieza por medio de la sangre de Jesús. Otro aspecto de andar en luz se explica en 1 Juan 1:9, y es la confesión de nuestros pecados. Esto es lo opuesto de racionalizar nuestro pecado y llamar a Dios mentiroso. Es estar de acuerdo con Dios y decir en nuestro corazón, "Dios está en lo correcto, yo he pecado." Conforme estés de acuerdo con Dios no tendrás que rogar o suplicar a Dios para que perdone tu pecado. Él ya ha prometido fielmente responder, perdonando tu pecado o lanzándolo fuera. Él es justo al hacer esto, porque la muerte de Jesucristo satisfizo plenamente la justicia de Dios. No intentes de alguna manera pagar por tus pecados, ya sea con alguna forma de penitencia u otra cosa, ¡pues la paga que hizo Jesucristo fue absolutamente suficiente!

Las Escrituras hablan no solamente del perdón judicial de nuestros pecados, sino también de lo que pudiéramos llamar el perdón familiar. En 1 Juan 2:12, el apóstol Juan afirma que los pecados de los creyentes ya han sido perdonados. Este es el perdón que los limpió de todos sus pecados—pasados, presentes y futuros—para establecerlos en una relación permanente con el Dios santo. A estos mismos creyentes se les instruye confesar sus pecados para poder experimentar el perdón. ¿Por qué? En 1 Juan 1:7 y 1:9 no está hablando del perdón de Dios que coloca al recién convertido en una relación de ser salvo con Dios, sino se refiere a la provisión de limpieza continua que permite a Sus hijos redimidos andar en comunión con Él.

La verdad de andar en la luz no nos debe llevar a un autoanálisis perjudicial. En reverencia a Dios, es Su responsabilidad señalarnos nuestros pecados. Es *nuestra* responsabilidad estar atentos a Su palabra y estar de acuerdo con Su Espíritu, cuando traiga convicción de pecado a nuestro corazón. Al hacer nosotros esto, Él perdona nuestro pecado y nos limpia de *toda* maldad. Esta promesa nos libera de estarnos *continuamente* auto-examinando, lo que conduce al pensamiento atormentador: ¿Y qué si no recuerdo algún pecado que cometí?" Hemos de andar en la luz y estar conscientemente de acuerdo con el Señor y su verdad, y el resultado será la limpieza de *toda* maldad.

Dios siempre honrará un corazón verdaderamente arrepentido. ¿Es posible volver a cometer repetidas veces un pecado previamente confesado? La confesión genuina implica que no se tiene la intención voluntaria de volver a cometer ese pecado. Sin embargo, esto no significa que no puedan haber ocurrencias futuras de ese pecado. Si uno confiesa con la intención de quitar la culpa, pero no tiene el deseo de cambiar su vida, esa no es una confesión genuina; porque no se está de acuerdo con Dios.

Cuando el Señor instruyó a los discípulos a orar, les dijo que oraran: "Y perdónanos nuestras deudas, como también nosotros hemos perdonado a nuestros deudores" (Mateo 6:12). Él estaba diciendo que la verdadera confesión incluye tratar con la amargura en nuestra alma. Nuestro enfoque en el pecado de otra persona contra nosotros, puede hacer que no tomemos plena responsabilidad por nuestro pecado. Una falta de disposición a tratar con nuestra amargura puede resultar en que seamos ¡atormentados por la culpa! Dios es "perdonador" según el Salmo 86:5. Mencionamos que la *única* ocasión en la Escritura en que Dios se ilustra como teniendo prisa, es cuando se ilustra a Dios como el Padre del hijo pródigo que corre a recibirlo y restaurarlo. Dios tiene sus brazos abiertos y anhela restaurarte. Hasta dice a aquellos que han cometido adulterio espiritual contra Él, "Acercaos a Dios, y Él se acercará a vosotros." (Santiago 4:8; compara con Santiago 4:4). ¿Te acercarás a Dios en oración ahora mismo y le pedirás que saque a luz cualquier cosa que sea un obstáculo en tu relación con Él? Que puedas continuar andando en la luz de Dios y que inspires a muchos otros a hacer lo mismo.

Capítulo Treinta y Dos

Discerniendo la diferencia entre las acusaciones de Satanás y la convicción de Dios

La gracia de la oración es un don maravilloso que proviene de un Dios amable, quien nos redarguye amorosamente y nos conduce a experimentar Su provisión de limpieza continua, conforme andamos en la luz (Capítulo 31). También tenemos un adversario malvado, quien procurará acusarnos y trastornar nuestro deleite en Dios. Una noche, después de haber terminado de impartir una clase de tres horas, un colega ofreció llevarme a mi casa. Más tarde, tuve un perturbador y persistente sentimiento de culpa por algo que yo le había dicho. Parecía que no había nada de malo en las palabras que había expresado, pero esa lógica no traía alivio a mi conciencia atormentada.

¿Cómo discernimos entre la convicción del Espíritu Santo y la acusación del adversario? Un nombre que se le da al diablo es el de "Acusador de los hermanos." Puede haber ocasiones en que un solo contraste entre convicción y acusasión no sea suficiente. Puedes necesitar y utilizar más de uno. Enseguida enlisto algunas cosas que me han sido de ayuda:

Características de la Convicción del Espíritu	Características de las acusaciones del Adversario
1. **Clara y Específica.** Si Dios espera que confiese mi pecado, será lo suficientemente claro y específico para que mi corazón espiritual así lo entienda. (1 Juan 1:9)	1. **Vaga.** Aun cuando después de haber buscado a Dios y pedido consejo piadoso, como que no puedes comprender bien cuál es la cuestión.
2. **Benéfica.** Dios está buscando ayudar nuestras vidas. Hasta su disciplina está motivada por el amor. (Hebreos 12:6)	2. **Acosadora.** El Adversario no busca nada que sea constructivo para tu vida.
3. **Alentadora.** Dios es un Dios de esperanza. No solamente señala nuestras necesidades sino también Sus soluciones a esas necesidades. (Romanos 15:13)	3. **Desesperante.** ElAdversario busca preocuparnos con nuestro problema y hacerlo ver más grande, para atacar nuestra fe y esperanza.
4. **Verdadera.** El Espíritu Santo es el Espíritu de Verdad, y Su convicción estará de acuerdo con Su verdad. (Juan 15:26)	4. **Engañosa.** El Adversario es un mentiroso y opera en el plano del engaño, mientras trata de torcer y distorsionar la verdad de Dios.

Características de la Convicción del Espíritu	Características de las acusaciones del Adversario
5. **Una cosa a la vez.** Esto está relacionado con la convicción de Dios, siendo suficientemente clara y específica para que un corazón espiritual atento esté de acuerdo con ella y confiese su pecado. (1 Juan 1:9)	5. **Muchas cosas a la vez.** Esto está relacionado con el deseo de nuestro Adversario de acosarnos y llevarnos a la desesperación.
6. **Resulta en libertad para amar a las personas.** Dios nos da gracia cuando en humildad estamos de acuerdo con Él y Su Espíritu manifiesta el fruto del amor (Gálatas 5:22)	6. **Resulta en esclavitud de las personas.** El Adversario ataca la verdadera libertad y busca esclavizarnos con temores.

Si hay un adversario que acusa, entonces existe lo que llamamos culpa falsa. Examinemos detenidamente este tema. Algunos ejemplos de culpa falsa son:

1. **Pensar que la tentación misma es pecado.** Jesús fue tentado en todo, sin embargo nunca pecó (Mateo 4:1; Hebreos 4:15). La tentación misma no es pecado, y mientras vivamos en este cuerpo no redimido y en este mundo no redimido, seremos tentados.

2. **No ser capaces de vivir de acuerdo con las expectativas ilegítimas de otros.** Es importante que nos libremos de permitir que alguien más sea el señor absoluto de nuestra vida. Ese lugar está reservado exclusivamente para Dios. Es importante que obedezcamos a nuestras autoridades, pero esto debe hacerse en el temor de Dios. Debemos enfocarnos en agradar al Señor, y en hacer de esto nuestra mayor prioridad (Gálatas 1:10).

3. **Sentirnos culpables por cosas que están fuera de nuestro control.** Esto parece muy lógico, y lo es, siempre y cuando mantengamos la objetividad. Sin embargo, cuando uno está luchando con esto en su interior, puede convertirse en algo subjetivo y perder claridad. Uno puede equivocadamente sentirse culpable por el divorcio de sus padres, por la muerte de un ser querido, o por que alguien haya abusado de nosotros cuando éramos niños.

Uno hasta puede sentirse culpable por no poder hacer feliz a alguien más. Les comenté de mi amigo que me relató cómo luchaba en la relación que tenía con un hombre mayor en su vida. Él decía, "Cada vez que estoy con él, hago todo lo posible por agradarle, pero siempre termino yéndome sintiendo su desagrado." Conforme hablamos, le comenté que era necesario que rechazara el pensamiento: "Es mi responsabilidad hacer feliz a este hombre." Pues esa mentira permitía que su vida fuera controlada por la manera en que respondía ese hombre. Le dije que reemplazara esa mentira por la verdad: "Es mi responsabilidad ser un conducto de amor para este hombre, pero cómo responde está fuera de mi control y de mi responsabilidad." Solamente en lo que depende de nosotros se nos pide estar en paz con todos los hombres (Romanos 12:18).

Varios escritores cristianos han enfatizado la diferencia entre anhelos y metas. Una meta es algo por lo que podemos asumir responsabilidad. Por ejemplo, una madre puede tener la meta de ser una madre piadosa. Un anhelo es algo que uno le confía a Dios, y está más allá de nuestro control final. Por ejemplo, el anhelo de esa madre de tener hijos piadosos.

La Dinámica de la Culpa Falsa

La ilustración personal con la que comencé este capítulo me enseñó una lección valiosa. Antes que nada, lo comenté con mi colega. Con frecuencia esto es la provisión de Dios, pues es Su intención que vivamos en comunidad. John me comentó, que él no veía nada malo en lo que yo había dicho. Cuando me bajé del automóvil y caminé hacia mi apartamento, comprendí cuál era la verdadera cuestión. No había nada de malo con lo que yo había dicho, pero la actitud detrás de las palabras estaba claramente equivocada. Esto frecuentemente ilustra la dinámica de la culpa falsa. Puede haber una culpa verdadera detrás de la culpa falsa. Yo atribuí la culpa de mi actitud pecaminosa, a las palabras que había hablado.

Después de que mi padre partió para estar con el Señor, regresé de la escuela para pasar el verano en casa con mamá. Mientras trabajaba como pastor asociado en una iglesia, sentí una carga intensa y hasta opresiva por testificar a un hombre que en un tiempo había sido el jefe de mi padre. Traté de ignorar el sentimiento y continuar con mis responsabilidades pastorales, pero la carga era tan intensa que no me fue posible. Después de varios días de estar así, detuve todo lo que estaba haciendo y comencé a buscar a Dios. Le dije, "Señor, esta opresión no parece ser la manera en que tú te comunicas; pero si quieres que le testifique a este hombre lo haré, ¡aunque me tenga que parar de cabeza!" Después de hacer esta oración, me percaté de que antes de este tiempo de buscar a Dios, había estado renuente y hasta temeroso de testificarle a este hombre tan intimidante. Esa posibilidad ni siquiera había cruzado por mi mente. Era esta falta de disposición lo que me había abierto para que el diablo me atormentara. La única manera de resistir al diablo es estar en completa sumisión a Dios (Santiago 4:7). Como una semana después vi a este hombre en un evento en donde la palabra de Dios estaba siendo proclamada. Fue como si Dios me dijera: "No tengo problema para hacer llegar mi palabra a este hombre. Esa no es mi preocupación. Mi preocupación es que tú estés verdaderamente disponible para hacer cualquier cosa que yo te pida."

Busca a Dios en cualquier cuestión importante. Conforme andes en la luz, Él te limpiará de todo pecado. Utiliza la ayuda de alguien más; esto puede ser necesario para poder sacar la cuestión a la luz y poder discernir la mente de Dios en el asunto. Si es la convicción de Dios la que está actuando, entonces necesita ser confesado. Si no lo es, entonces necesita ser rechazado y reemplazado con la verdad. No omitas considerar la posibilidad de que haya una cuestión subyacente en el asunto que estás tratando. Sé decisivo al buscar a Dios. No es Su voluntad que tú vivas en continua incertidumbre. Muchas veces he visto a Dios honrar la oración, "Señor, pongo este asunto a tus pies el día de hoy. Deseo poner mi cabeza en la almohada esta noche con una conciencia limpia. Muéstrame cualquier cosa que enturbie mi conciencia y con tu gracia la limpiaré." Si hay algo en tu corazón, por qué no buscar a Dios ahora mismo. Explicaremos la cuestión de una conciencia limpia en el siguiente capítulo.

Capítulo Treinta y Tres

Viviendo con una conciencia limpia delante de Dios

El que ha experimentado la gracia de Dios en su vida y ministerio, procura vivir con una conciencia limpia delante de Dios. Hace más de treinta años me fue presentado el desafió de procurar vivir con una conciencia limpia delante de Dios y de los hombres. Una conciencia limpia fue definida como una libertad interior en el espíritu y la seguridad que se deriva de saber que uno ha actuado con transparencia, de manera que nadie nos puede señalar con el dedo y acusarnos legítimamente de algún mal que les hayamos cometido y que nunca corregimos. Me acababa de graduar de la universidad y el regalo de una conciencia limpia fue el mejor regalo de graduación que pude haber recibido.

Aunque es maravilloso este regalo de una conciencia limpia, con frecuencia nos resistimos a recibirlo. Tal vez no alcanzamos a comprender plenamente el valor de este regalo. Una cálida noche de junio en Atlanta, Georgia, se me dijo que este regalo resultaría en una mayor libertad en las relaciones con otros, en una superior receptibilidad a la dirección de Dios y en la capacidad de experimentar la victoria sobre la tentación, por lo que Cristo había muerto para dármelo. Sabemos que todo don—incluyendo el don de una conciencia limpia—es únicamente por los méritos de Cristo. Nosotros meramente debemos responder al Espíritu de Dios, quien busca guiarnos a la experiencia plena de lo que Cristo ha obtenido para nosotros.

Es interesante destacar que generalmente son las consecuencias negativas, de rechazar Su verdad, lo que nos mueve a la acción; en vez de los beneficios positivos. El apóstol Pablo urgía a Timoteo a que mantuviera una "buena conciencia", para que no fuera a seguir el ejemplo de aquellos que la rechazaron y "naufragaron en lo que toca a la fe" (1 Timoteo 1:19-20). Cuando nuestra conciencia no está limpia no nos es posible regocijarnos en las pruebas y honrar a Cristo (ver 1 Pedro 3:16). He pasado por momentos en los cuales he llevado a cabo, con sacrificio, actividades difíciles, solamente para descubrir que no fueron realmente motivadas por Dios. Ese tipo de acciones son "obras muertas" porque no han sido motivadas por el Señor sino por una conciencia culpable.

> *Si el Señor no edifica la casa, en vano trabajan los que la edifican; si el Señor no guarda la ciudad, en vano vela la guardia. Es en vano que os levantéis de madrugada, que os acostéis tarde, que comáis el pan de afanosa labor, pues Él da a su amado aun mientras duerme. (Salmo 127:1-2)*

Conforme examinas la definición de este don glorioso, ¿cuáles son las cosas que el Espíritu de Dios trae a tu mente? A mí me recordó el Señor una cantidad de hechos deshonestos de mi pasado que fue necesario arreglar con el Señor esa misma noche. Pide al Señor que examine tu corazón, y traiga a tu memoria cualquier acción de tu pasado, que pueda estorbar a tu espíritu de transparencia delante del Señor y de otros. Considera cosas como:

- Ocasiones pasadas en las que has mentido
- Trampas que has hecho
- Cosas que te has robado
- Ocasiones en que has dañado la reputación de otro
- Rebeldía ante las autoridades
- Amargura y malicia hacia alguien
- Ocasiones en las que has perdido el control

Mira estas acciones a la luz de tu relación con Dios, con tu familia, tus parientes, tus vecinos, tus patrones, tus maestros y otros conocidos.

Aquella noche se me aconsejó que no racionalizara o justificara nada, sino que enfrentara las cosas más difíciles primero. Esto es para ayudarnos a no permitir que el Acusador agrande otras cosas que nos pueden conducir a un sentimiento de culpa falso, que surge de nuestro rechazo a responder a la convicción por gracia de Dios.

La mejor manera de pedir perdón a una persona es hacerlo en persona. Así pueden ver tus expresiones faciales y otras formas de comunicación no-verbales. Te da la oportunidad de hacer aclaraciones cuando sea necesario. Hasta es bueno preparar y ensayar las palabras que uno va a decir, "Dios me ha redargüido y mostrado que estaba mal en _____. Lamento mi pecado. ¿Podrías perdonarme, por favor?" No los culpes a ellos. Nuestra primera responsabilidad es limpiar nuestras conciencias y tratar con nuestro pecado. Siempre que nos humillamos delante de Dios al pedir perdón, Él siempre nos da de Su gracia:

> *Pero Él da mayor gracia. Por eso dice: Dios resiste a los soberbios pero da gracia a los humildes." (Santiago. 4:6)*

Cuando no es posible pedir perdón en persona, una llamada telefónica es mejor que una carta. Esto le permite a la otra persona escuchar tu voz y discernir tu comprensión de cómo tu pecado lo lastimó.

Después de que Onésimo se convirtió a Cristo como resultado del ministerio de Pablo en Roma, también fue exhortado a limpiar su conciencia. Él se había escapado de su amo y le había robado. El pequeño libro de Filemón nos cuenta la historia de cómo Pablo, no le dijo a Onésimo que se olvidara de las malas acciones que había hecho en el pasado o que bastaba con confesárselas a Dios, sino que respondiera al gozo del perdón completo de Dios regresando con su amo, pidiéndole perdón y haciendo restitución por el daño ocasionado. El libro de Filemón también es evidencia de la verdad de que Dios irá delante de nosotros y preparará el camino, ¡así como Pablo lo hizo para Onésimo!

Un día, hace varios años, estaba sacando en reversa el auto de la cochera y al mismo tiempo le decía adiós a mi hijo. Nunca se estacionan autos en la calle bloqueando mi acceso a la cochera, pero ese día alguien lo hizo y... "pum." Me bajé del auto para ver los daños y luego toqué en las puertas de las casas de los vecinos para buscar al dueño del automóvil que había golpeado. Mientras observaban la abolladura en su auto respondieron: "No se preocupe. Esa abolladura ya estaba ahí." ¡Qué alivio sentí! ¡Qué providencia chocar un auto en donde ya alguien antes lo había chocado!

Al día siguiente mientras asistía a una conferencia para pastores, todavía sentía cierta pesadez en mi corazón por el accidente. Sentí la necesidad de contactar a la persona otra vez. Después de finalmente conseguir su número telefónico, le pedí que por favor volviera a ver su auto y se asegurara de que realmente no le había causado daños adicionales. Una vez más me aseguró que el daño que veía era el que ya había estado ahí desde antes.

Mi mente inmediatamente se remontó a un incidente de mi pasado. Cuando era alumno del bachillerato y había ido a la feria regional con mi primo. Al salir del estacionamiento esa noche, le pegué a un automóvil. Me entró mucho temor así que aceleré y salí del estacionamiento. Este incidente ya había venido antes a mi mente, pero no veía cómo podía corregir mi mal. Sin embargo, ese día me vino una idea en la que no había pensado antes. Puesto que recordaba el mes, año y lugar del accidente, se me ocurrió hacer una llamada de larga distancia a la estación de policía en la ciudad donde había ocurrido el accidente muchos años antes.

Al inquirir si conservaban los registros de los accidentes automovilísticos, el caballero que tomó mi llamada preguntó: "¿Por qué lo pregunta?" Respondí: "Me da pena decirlo, pero cuando estaba en el bachillerato golpee un auto y luego huí. Si usted me puede ayudar a identificar, en sus registros, a la persona dueña de ese automóvil, me gustaría restituirle el daño." Él me dijo que le llevaría como una hora escudriñar los archivos para intentar identificar algún accidente que hubiera ocurrido en la fecha y lugar que le solicitaba. Prometió regresar mi llamada.

Después de una hora y no saber de la policía, volví a llamar. Me dijo que solamente había encontrado dos automóviles en los registros que parecían coincidir con la información. Le respondí que ninguno de esos automóviles era el que yo había golpeado. Me dijo que era todo lo que podía hacer por mí. Después de colgar comencé a dudar de mis datos, así que llamé a mi primo para preguntarle si alguno de esos dos automóviles podía ser al que le había golpeado. Él se acordaba del año, modelo y color del automóvil, y su información corroboraba que no era ninguno de esos dos automóviles. En este caso no había nada más que hacer, sino poner el asunto en las manos de Dios y vivir a la luz de Su gracia.

Hace cientos de años Juan Crisóstomo dijo: "El peligro no es que caigamos, sino que una vez caídos no nos levantemos." ¡Dios está contigo! Responde a Su Espíritu y permite que Él te guié a la gloriosa libertad de una conciencia limpia delante de Dios y del hombre. Conforme te humilles delante de Él, Dios te permitirá experimentar Su gracia, y esto incluye la gracia de la oración y la gracia de ministrar como un médico del alma.

Sección Seis
La necesidad de ser librado del temor —experimentando la gracia del valor y la fe

Mientras vivas en este mundo serás tentado. La tentación es una experiencia común para todos (1 Corintios 10:13), y el temor es una tentación común. Un año busqué a Dios y le pedí que iluminara mi alma para ayudarme a darme cuenta de qué cosas decía o no decía, hacía o no hacía, que no estaban motivadas por Él, sino por un temor malsano. Descubrí que el temor era un motivador mucho mayor de lo que yo me había percatado.

Conforme leas los siguientes capítulos, ¿quieres pedirle a Dios que te ayude a darte cuenta de tu lucha con el temor? Solamente cuando permitas que Dios te ayude a identificar y procesar los temores malsanos en tu vida, podrás verdaderamente entender la profundidad de Su amor por ti. Tu disposición a abrirte delante del Señor en esta manera, te pondrá en el camino de también ser un instrumento en las vidas de otros. Te darán las gracias durante toda la eternidad por haberles guiado a tener una experiencia más profunda del asombroso amor de Dios.

Capítulo Treinta y Cuatro

Permitiendo que tus temores te animen a buscar a Dios

La gracia de la oración no es algo que se puede experimentar únicamente en una habitación callada. Así como puede ser experimentada en tu lucha con la ira (Sección Cuatro) y en tu lucha con la culpa (Sección Cinco), también es fundamental para ayudarte a procesar tus temores (Sección Seis). El ser tentado es una experiencia común para todo creyente. El ser tentado a temer es una tentación común y universal. Cuando hablamos del temor necesitamos entender que no estamos hablando del *temor purificador* del Señor. El temor de Dios no es solamente un temor para evitar que hagamos lo malo, sino incluye el valor para hacer lo correcto. Tampoco estamos hablando de *precauciones saludables*, como es el temer a los osos pardos y a las víboras de cascabel. Estamos hablando de *temores paralizantes* que nos hacen temer hacer lo correcto.

Muchos citan el temor al fracaso como el mayor temor en la vida del hombre y el temor a ser rechazada como el mayor temor en la mujer. Lo cierto es que ambos sexos sufren estos dos temores y ciertamente pueden obstaculizar las vivencias íntimas. El hombre con frecuencia batalla para guiar amorosamente a su familia porque siente el siguiente temor: "Si los guío y fracaso,

¿seré rechazado?" La esposa puede batallar para manifestar una sumisión respetuosa a su marido porque su temor es: "¿Podré dar de mí misma en esta manera sin ser rechazada?" Cada uno de nosotros necesita preguntarse a sí mismo, "¿Cuáles cosas hago o no hago, y digo o no digo, que son motivadas por el temor al rechazo?" Probablemente descubrirás, como lo hice yo, que el temor es un motivador mucho mayor de lo que suponemos.

¿Qué hemos de hacer con nuestro temor? Encontramos la respuesta en el Salmo 34:4

> *Busqué al Señor, y Él me respondió, y me libró de todos mis temores. (Salmo 34:4)*

Debemos proponernos *buscar* a Dios en cada situación de temor. Dios usa la tentación a temer para animarnos a buscarle a Él. Buscar a Dios es el sendero que lleva a la prosperidad espiritual. Escuchen el testimonio que da Dios del rey Uzías:

> *Y persistió en buscar a Dios en los días de Zacarías, quien tenía entendimiento por medio de la visión de Dios; y mientras buscó al Señor, Dios le prosperó. (2 Crónicas 26:5)*

Buscar a Dios también es el sendero que conduce al entendimiento:

> *Los hombres malvados no entienden de justicia; mas los que buscan al Señor lo entienden todo. (Proverbios 28:5)*

Hay con frecuencia un dolor profundo en nuestras almas, y Dios desea darnos entendimiento. Duele ser rechazado y este dolor no remediado en nuestras almas, da lugar al paralizante temor al rechazo que nos incapacita. Conforme buscamos a Dios, podemos confiar en Él para que ponga Su mano compasiva y sanadora en las partes lastimadas de nuestras almas. Nunca podremos comprender plenamente Su amor por nosotros, si no experimentamos Su comprensión por nuestros temores y Su disposición a ayudarnos a procesarlos y resolverlos. Su perfecto amor efectivamente echa fuera el temor (1 Juan 4:18).

Conforme buscamos a Dios, necesitamos confiar en que Él nos ayudará a *identificar* nuestros temores. Yo me casé a los treinta y seis años, y once meses después Dios nos dio un varoncito. Dos años y medio después nos dio otro varón. Me sentía agradecido por nuestros dos hijos, y como ya tenía más de cuarenta años sentía que nuestra aljaba ya estaba llena. Podía ver que mi esposa no pensaba de esa manera y deseaba más hijos. El pensamiento de tener otro bebé a mi edad era un pensamiento muy atemorizante. Después de todo, la Biblia habla de los "hijos habidos en la juventud" (Salmo 127:4), y cuando hice un estudio de la palabra "juventud," ¡sentí que no se refería a mí!

Mientras estaba orando una noche respecto a este temor, sentí que debía llamar a los ancianos de una pequeña iglesia, en donde había tenido muchas veces la oportunidad de compartir la Palabra a través de los años. Al día siguiente, llamé a uno de los ancianos y le pedí que si podía coordinar una reunión para que los ancianos oraran conmigo el siguiente domingo. Se mostró muy complacido de poder atender a mi petición. Cuando se juntaron a mi alrededor y les compartí mi temor, todos sintieron empatía por mí y compartieron sus propias luchas—inclusive un padre que tenía nueve hijos. ¡Yo pensé que él no le tenía miedo a nada! Después de que oraron por mí, ese temor atormentador se había ido. Había toda una nueva libertad para confiar en Dios en este asunto.

Un día, pocos meses después, el Señor tuvo un encuentro conmigo en Su palabra y me preparó para el día en que Penny me dijo que pensaba que estaba embarazada. Me regocijé, y cuando David, siendo todavía pequeño fue dedicado al Señor, lloré al darme cuenta que este bebé no estaría aquí de no haber sido por las oraciones de aquellos ancianos. Dios los había utilizado para ayudarme a procesar este temor.

Si *ocultamos* nuestro temor nos *faltará* integridad espiritual:

> *El que encubre sus pecados no prosperará, Mas el que los confiesa y los abandona hallará misericordia. (Proverbios 28:13)*

Cuando estamos buscando a Dios, pero no hablamos con Él acerca de nuestros temores, les falta autenticidad a nuestras oraciones y este tipo de oración es muy agotante. Nuestra incapacidad para procesar nuestros temores hace que seamos conducidos por el temor. Esta fue la causa del pecado de Saúl que le costó la monarquía (1 Samuel 15:24).

¿De qué manera te está obstaculizando tu temor? ¿En qué área de tu vida te está paralizando el temor y te está impidiendo que tengas una relación abierta con Dios? Por qué mejor no permites que tus temores te animen a buscar a Dios, pues este es el sendero que conduce al verdadero entendimiento y a la prosperidad espiritual. David, nuestro tercer hijo, ha sido un deleite. Isaías 40:30-31 ha sido un consuelo para mí:

> *Aun los <u>mancebos</u> se fatigan y se cansan, y los <u>jóvenes</u> tropiezan y vacilan, pero los que esperan en el Señor <u>renovarán sus fuerzas</u>; se remontarán con alas como las águilas, correrán y no se cansarán, caminarán y no se fatigarán. (Isaías 40:30-31, énfasis agregado)*

Como un padre de mayor edad, mi instrucción es: ¡espera en el Señor!

Capítulo Treinta y Cinco

Permitiendo que tus temores te animen a purificar tu corazón

¿Por qué es que uno puede estar clamando a Dios en oración y no ser escuchado? ¿Acaso no dice Dios "no tenéis porque no pedís" (Santiago 4:2)? ¿Qué si uno pide y todavía no tiene lo que pidió? Una posible razón es el problema del doble ánimo. La condición del doble ánimo lo puede abrir a uno para ser atormentado por el temor. Lo opuesto al doble ánimo es un corazón puro. Por esta razón el consejo de Santiago es "vosotros de doble ánimo, purificad vuestros corazones" (Santiago 4:8).

¿Qué es un corazón puro? Un corazón puro es un corazón sencillo. El clamor del salmista es "unifica mi corazón para que *tema* tu nombre" (Salmo 86:11). ¿A que se asemeja un corazón puro? Lo vemos expresado en la vida de Daniel:

> *Se propuso Daniel en su corazón no contaminarse con los manjares del rey ni con el vino que él bebía; y pidió al jefe de los oficiales que le **permitiera** no contaminarse. (Daniel 1:8)*

Lo vemos expresado en la vida de nuestro Señor:

> *Jesús les dijo: Mi comida es hacer la voluntad del que me envió y llevar a cabo su obra.* (Juan 4:34)

Lo vemos expresado en la vida de Pablo:

> *Pero en ninguna manera estimo mi vida como valiosa para mí mismo, a fin de poder terminar mi carrera y el ministerio que recibí del Señor Jesús, para dar testimonio solemnemente del evangelio de la gracia de Dios.* (Hechos 20:24)

Un corazón puro es aquel corazón que ha decidido temer y obedecer a Dios, como su mayor prioridad:

> *El hombre que teme a Dios es descrito como un hombre "bienaventurado" (Salmo 112:1), y una de las bendiciones específicas es que "no tendrá temor de recibir malas noticias" (Salmo 112:7).*

Por esta razón, nuestro Señor enseñó que el temor a Dios puede echar fuera el temor al hombre:

> *Y no temáis a los que matan el cuerpo, pero no pueden matar el alma; más bien temed a aquél que puede hacer perecer tanto el alma como el cuerpo en el infierno.* (Mateo 10:28)

Esta verdad explica la victoria sobre el temor que expresa el salmista:

> *Aunque un ejército acampe contra mí, No temerá mi corazón: Aunque en mi contra se levante guerra, a pesar de ello, estaré confiado.* (Salmo 27:3)

Él fue victorioso porque su corazón era puro, evidenciando esta meta suprema en la vida, la cual él explica en el siguiente verso:

> *Una cosa he pedido al Señor, y esa buscaré: Que habite yo en la casa del Señor todos los días de mi vida, Para contemplar la hermosura del Señor, Y para meditar en su templo. (Salmo. 27:4)*

Conforme uno busca a Dios y confía en que Él purificará su corazón, tendrá que *identificar* sus verdaderas metas y motivos, lo que pudiera descubrir su doble ánimo. Una persona de doble ánimo es aquella que está procurando vivir para Dios pero también para algo más. Veamos algunos ejemplos:

Dios y el deseo de ser popular
Deseamos obedecer a Dios pero no al grado que nos vaya a costar popularidad.

Dios y el deseo de ganar dinero
Deseamos obedecer a Dios pero no al grado que vaya a perjudicar nuestra cuenta bancaria.

Dios y el deseo de ser nuestro propio jefe
Deseamos obedecer a Dios, pero también hemos decidido no estar en una situación en la que otro nos diga lo que tenemos que hacer. Esto pudo haber surgido como consecuencia de haber sido lastimado en el pasado por alguna persona que tenía autoridad.

Dios y el deseo de vengarnos
Deseamos obedecer a Dios, pero nos reservamos el derecho de "arreglarnos" con aquellos que nos han lastimado.

Dios y el deseo de ser sensual
Deseamos obedecer a Dios, pero nos damos la opción de tener el derecho a satisfacer nuestros apetitos sensuales fuera de la voluntad de Dios.

En cada caso, el otro deseo es el que llega a ser, en la práctica, el dios de nuestra vida. También nos abre para estar bajo el temor de cualquier cosa, que nos pueda estorbar para satisfacer ese deseo. Por esta razón, la persona de doble ánimo es descrita en Santiago 1:6-8 como:

- Uno que duda y lucha para creerle a Dios y experimentar respuestas a sus oraciones.
- Uno que es llevado y echado de una parte a otra como lo hace el viento con la onda del mar.
- Uno que es inconstante en todos sus caminos.

La persona de doble ánimo batallará para creerle a Dios, porque solamente el hombre de limpio corazón puede realmente constatar la verdad acerca de Dios:

Bienaventurados los de limpio corazón; pues ellos verán a Dios. (Mateo 5:8)

La persona de doble ánimo será arrastrada y arrojada, y será inconstante, porque ha sido despojada de su autoridad espiritual. Solamente cuando estamos bajo la autoridad de Dios es que tenemos autoridad espiritual:

Por tanto, someteos a Dios. Resistid, pues, al diablo y huirá de vosotros. (Santiago 4:7)

Por esta razón, el siguiente versículo confirma la exhortación a los de doble ánimo de purificar sus corazones (Santiago 4:8).

Cuando uno está sometido a la autoridad de Dios, es capaz de experimentar todas las dimensiones del amor de Dios:

De manera que Cristo more por la fe en vuestros corazones; y que arraigados y cimentados en amor, seáis capaces

> *de comprender con todos los santos cuál es la anchura, la longitud, la altura y la profundidad, y de conocer el amor de Cristo que sobrepasa el conocimiento, para que seáis llenos hasta la medida de toda la plenitud de Dios. (Efesios 3:17-19)*

¡Es Su amor lo que echa fuera el temor (1 Juan 4:18)!

Si encubrimos nuestro temor, estaremos desprovistos de fruto eterno, porque nuestro fracaso en tratar con el temor nos estorba para permanecer en el Señor, y sin Él nada podemos hacer que tenga valor eterno (Juan 15:5).

Si el Señor no edifica la casa, En vano trabajan los que la edifican;

> *Si el Señor no guarda la ciudad, en vano vela la guardia. Es en vano que os levantéis de madrugada, que os acostéis tarde, que comáis el pan de afanosa labor, pues Él da a su amado aun mientras duerme. (Salmo 127:1-2)*

Únicamente lo que es motivado por el amor será aprobado en el Tribunal de Cristo (1 Corintios 13:1-3). Notarás que el temor es lo que estaba detrás del pecado de orgullo, en Génesis 11:4. Uno de los propósitos de la muerte de Cristo es liberarnos de vivir para nosotros mismos, para que podamos vivir para Él, quien murió y resucitó por nosotros (2 Corintios 5:14). Es la muerte liberadora de Cristo lo que constituye el cimiento que hace posible que podamos abrir nuestra vida al Espíritu, quien produce un corazón de amor puro, posibilitándonos para estar de acuerdo con el clamor del salmista:

> *¡No a nosotros, Señor, no a nosotros, sino a tu nombre da gloria!... (Salmo 115:1)*

Nuestra esperanza es que el Espíritu de Dios, quien ha sido enviado para honrar a Cristo, pueda llenar nuestros corazones y producir en nosotros el deseo de honrar a Cristo. Tal es el camino que lleva a una vida de amor, que supera y vence al temor paralizante.

Que tu lucha con el temor te anime a purificar tu corazón. Conforme buscas a Dios, pídele que identifique las metas y motivos de tu corazón. Arrepiéntete de cualquier meta indebida (ve la lista en este capítulo) y colócate bajo la amorosa autoridad de Dios. Tal es el camino que conduce a la "vida", y a la experiencia de la gracia de la oración y del ministerio.

Capítulo Treinta y Seis

Permitiendo que tus temores te animen a creerle a Dios

La gracia de la oración hace posible que puedas transformar tus temores en fe. Cuando era estudiante universitario en la Universidad de Auburn, entregué mi vida a Cristo por la influencia de un hermano de la fraternidad. Buster se había incorporado a esa fraternidad social para ganar almas para Cristo. Me intrigó esa persona que adoptaba su posición cristiana en ese ambiente en donde no era popular hacerlo. Al ser su compañero de cuarto por un año, aprendí mucho acerca de la vida cristiana.

Al integrarme a un ministerio universitario, tuve la oportunidad de participar en numerosas actividades evangelísticas. Recuerdo una ocasión en que un grupo de nosotros y un miembro del personal de la Cruzada Estudiantil para Cristo, fuimos a un vecindario en un pueblo cercano en Alabama, y presentamos un seminario acerca de La Vida Cristiana de viernes a sábado. El domingo pudimos predicar en varias iglesias y compartir en algunas escuelas dominicales. Después de dar mi testimonio de la bendición de Dios a un grupo pequeño, una señora amable se me acercó y expresó las siguientes palabras: "Te espera mucho sufrimiento." No dudo de las buenas intenciones de esta mujer ni de que era una persona más madura que yo en ese tiempo.

Sin embargo, ¡el efecto de sus palabras no fue nada alentador! Comencé a sentir temor por lo que pudiera suceder en el futuro. Ese modo de pensar no es del Señor.

Como mencioné anteriormente, la Escritura que Dios usó para disipar esa penumbra fue 2 Corintios 1:5:

> *Porque así como los sufrimientos de Cristo son nuestros en abundancia, así también abunda nuestro consuelo por medio de Cristo.*

La certidumbre que recibí esa mañana fue, que cualquier cosa que fuere lo que experimentara, el consuelo de Dios siempre sería suficiente. No solamente sería suficiente para mí, sino que tal consuelo también rebosaría hacia otros (2 Corintios 1:4).

La tentación a temer, puede ser usada para alentarnos a creerle a Dios.[1] Así es como Cristo ministró a sus temerosos y apesadumbrados discípulos, cuando les dijo de su inminente partida de este mundo:

> *No se turbe vuestro corazón; creed en Dios, creed también en mí. (Juan 14:1)*

Cuando comenzamos a temer lo que pueda suceder, comenzamos a ser esclavizados por temores que pueden hasta llegar a convertirse en profecías auto-cumplidas. Proverbios 10:24 advierte que "lo que el impío teme vendrá sobre él." Por esta razón el salmista ora a Dios pidiendo que guarde su "vida del *terror* del enemigo" (Salmo 64:1). Muchas veces los temores a algo, son peores que la experiencia misma. Después de que mi hijo mayor pasó por una cirugía, traía sobre su espalda un gran

---

1. Para más información sobre como desarrollar la fe, vea *Viviendo la Vida que Dios ha Planeado: Una Guía para Conocer la Voluntad de Dios.* (Chicago, Moody Press, 2001) páginas. 56-62.

vendaje. Cuando intenté quitárselo, se opuso con gran estrépito. Este batallar continuó por una semana hasta que una noche cuando salía de la regadera sigilosamente me le acerqué por detrás y se lo arranqué. Me dijo, "¡No se sintió tan mal, Papá!" Que Dios nos guarde a todos del temor a lo que pueda suceder, pues pudiera ser peor que el acontecimiento mismo.

Conforme buscamos a Dios en nuestros puntos de temor, necesitamos identificar *promesas* que responden a esos temores. Esto puede ser un paso fundamental para convertir nuestros temores en fe. Cuando hace varios años se me pidió hablar en un programa de radio que se transmitía por todo el país, respondí que iba a orar al respecto. Mi verdadero temor era "¿qué si estoy tomando las llamadas del público y no puedo responder a sus preguntas?" Dios iluminó el Salmo 67:7 a mi espíritu, el cual dice que Dios nos bendice para que los términos de la tierra lo teman. El principio que deduje de este pasaje me dio el valor para entrar por esa puerta abierta de ministerio y Dios efectivamente bendijo.

Después de graduarme de la universidad, y posteriormente del seminario y del programa de doctorado, comencé el ministerio de la enseñanza. Todavía sentía que Dios quería que siguiera soltero durante estos años. Hablaba con el Señor sobre esta área de mi vida. Un día mientras oraba, mi mente se llenó de palabras acusadoras y condenatorias: "Eres un idealista. ¡No eres realista, no te das cuenta que realmente no puedes confiarle a Dios tu necesidad de una compañera!" Me sentí tan pequeño, pero en ese momento Efesios 3:20 entró en mi mente: "Y a Aquel que es poderoso para hacer todo mucho más abundantemente de lo que pedimos o entendemos, según el poder que obra en nosotros." Este versículo calló esos pensamientos acusadores. Durante años me apoyé en ese versículo y con frecuencia oré: "Dios, no conozco tu voluntad, pero creo que obras muy por encima de todo lo que pudiera pedir o pensar." Cuando Dios envió a mi vida a la mujer que tenía para mí, tuve la vivencia de Efesios 3:20.

Mi esposa y yo fuimos aconsejados por una partera piadosa para que buscáramos a Dios, para que nos diera un texto bíblico en el que pudiéramos meditar durante el proceso del trabajo de parto, cuando mi esposa estuviera dando a luz. Cuando iniciaron las contracciones de mi esposa, yo, como un padre nervioso, llamé al "mundo entero" para que orara, solamente para descubrir momentos después que era una falsa alarma. Mi esposa se mantuvo despierta, pues tenía todavía algunas contracciones menores y había perdido todo su alimento. En esta condición de debilidad finalmente comenzó el trabajo de parto. Duró veintiséis horas. Para apoyarla, Dios le había dado Isaías 41:10:

> *No temas, porque yo estoy contigo; no te desalientes, porque yo soy tu Dios. Te fortaleceré, ciertamente te ayudaré, sí, te sostendré con la diestra de mi justicia.*

¡Dios la fortaleció hasta lo último! Su segundo parto duró solamente seis horas, pero dijo que si hubiera tenido que durar cinco minutos más no habría podido soportarlo. Con el tercer bebé, llamó cuando me encontraba impartiendo una clase. El guardia de seguridad de la escuela tocó a la puerta del salón y me dio la noticia. Estaba poniendo un examen y tuve que recogerlo de manera que los alumnos se alegraron. Me apresuré a la casa sólo para descubrir que las contracciones habían cesado. Al día siguiente, al llegar al trabajo y acabando de sentarme para una junta importante con todos los maestros, recibí la noticia de que necesitaba regresar a la casa. No era una llamada de pánico pero debía regresar inmediatamente. Cuando llegué, se le había roto la fuente y las cosas estaban avanzando rápidamente. Treinta minutos después de haber llegado al hospital, dio a luz. (Un bebé, justo antes que el nuestro, había nacido en el automóvil, y sus padres lo llamaron *Carson*, nombre que conjuga la palabra *carro* con la palabra *hijo* en inglés.) En cada caso, Dios proveyó la fuerza que se necesitaba, y conforme hacemos memoria del primer parto, nos maravillamos de la fidelidad de Dios como se revela en la verdad de Isaías 41:10.

Dios es misericordioso y viene a nosotros en nuestros momentos de temor y nos abre Su palabra. Había volado a Chicago para entrevistarme para un puesto de profesor en la facultad del Instituto Bíblico Moody. Al inicio del proceso tuve que impartir una clase a las 8:00 AM a un grupo de alumnos y a cuatro personas de la administración, que estaban sentados en la fila de atrás observando. A esto le siguió una serie de entrevistas y citas que duraron hasta las 5:00 PM. Al echar una ojeada a mi Biblia antes de levantarme a impartir mi clase esa mañana, alcance a leer la segunda mitad del verso 1 del Salmo 52. En la versión NASB dice, "¡La misericordia de Dios dura todo el día!" La consideré una invitación para disfrutar de todo ese día, y trajo tranquilidad a todo mi ser. Fue un día que disfruté, y Dios abrió la puerta para que enseñara en esa institución.

Nuestra batalla con el temor debe ser usada para que nos aliente a creer en Dios. Conforme lo buscamos, hemos de identificar promesas que contrarresten esos temores. Notarás que en el Apéndice Dos he incluido algunos ejemplos de esto. Si encubrimos nuestro temor, nos faltará la *paz* que nuestro maravilloso Señor quiere darnos:

> *La paz os dejo, mi paz os doy; no os la doy como el mundo la da. No se turbe vuestro corazón, ni tenga miedo. (Juan 14:27)*

No es la voluntad de Dios que vivamos con el temor de lo que pueda suceder. El brillante compositor Beethoven vivía en el constante temor de perder el oído. Su desesperación era tan grande que nadie lo podía consolar. El pensamiento de quedarse completamente sordo lo atormentaba, pero su sordera seguía en aumento. Cuando comprendió que solamente Dios le podía dar la fortaleza para continuar, su vida tuvo un nuevo significado. Fue hasta que se quedó completamente sordo que escribió su música más sublime. Dejado fuera de las distracciones del mundo, nuevas melodías comenzaron a invadir su alma. Llegó a comprender que su sordera, que aparentaba ser una maldición, era realmente una bendición. Confía en el Señor quien es tanto soberano como bueno, y experimentarás la gracia de la oración y la gracia para ser un médico del alma.

Sección Siete
La necesidad del reposo espiritual—experimentando la gracia de la paz verdadera

Para poder satisfacer la sed de paz verdadera, las personas necesitan responder a la invitación de Jesús de venir a Él y beber. Solamente Él puede ofrecer una paz perdurable que nunca puede sernos quitada. Puede experimentarse bajo cualquier circunstancia—inclusive en medio de los conflictos de la vida. Jesús la llamó "descanso para vuestras almas."

Un médico del alma es uno que comprende la importancia que tienen las disciplinas espirituales. Se da cuenta que pueden ser buscadas con una motivación equivocada, y que ésta puede impedir que se disfruten los dones de gracia de Cristo, que Él quiere que disfrute. También pueden ser buscadas con las metas correctas en mente, y así ser usadas por el Señor para enriquecer nuestra relación con Él.

Que los siguientes capítulos te ayuden a experimentar el descanso espiritual, que solamente puede hallarse en Cristo. Que también seas usado para llevar a muchos otros a Él, para que también ellos experimenten este reposo para sus almas, conforme van aprendiendo el gozo de vivir bajo Su yugo liberador.

Capítulo Treinta y Siete

Comprendiendo lo que es y lo que no es el reposo espiritual

Únicamente la gracia de Dios puede guiarnos a la experiencia del reposo espiritual. Después de mi primer año en la universidad, mis circunstancias *externas* eran muy alentadoras. Había logrado estar en el cuadro de honor en cada trimestre, me había unido a una fraternidad social, había sido elegido Presidente de la Escuela de Negocios, y había recibido otros honores en la universidad. *Interiormente* era un desastre; estaba lleno de temores y ansiedad. Mi corazón tenía hambre de algo, y solamente después me daría cuenta que anhelaba ese *descanso* espiritual que Cristo ofrece.

¿Qué es el Reposo Espiritual?

Es fundamental que comprendamos con toda claridad lo que significa *descanso* espiritual. Descanso espiritual no significa el fin de los conflictos espirituales *en esta vida*. El creyente debe tener la mentalidad de un *soldado* y debe esperar un conflicto bélico durante toda su vida. Sin embargo, puede existir *reposo hoy,* en medio de las *hostilidades.*

El Antiguo Testamento menciona ciertas verdades espirituales en el entorno específico de la experiencia de Israel en la tierra de Canaán. En el Antiguo Testamento, el reposo se describe como la seguridad de saber que los enemigos de Israel han sido derrotados y disfrutar de la herencia prometida. Para el creyente del Nuevo Testamento, el descanso espiritual consiste en comprender que la muerte y resurrección de Cristo posibilita al creyente, para reposar tranquilamente en la victoria que Él obtuvo sobre nuestro enemigo interior ("la carne") y sobre nuestros enemigos externos (el sistema del mundo y el diablo). El creyente puede descansar en su herencia de haber sido bendecido con toda bendición espiritual (Efesios 1:3; compara con 1 Pedro 1:3-4). Ciertamente, habrá un reposo para los creyentes en la edad del reino venidero, cuando Cristo reine y gobierne de manera suprema (compare Isaías 32:18; Jeremías 50:34) y habrá descanso para los creyentes en el cielo (Apocalipsis 14:13). Sin embargo, también hay un reposo en esta vida en medio de sus conflictos. Es un descanso donde el Señor trata bondadosa y generosamente con nuestras almas (Salmo 116:7).

¿Quién Pregunta Acerca del Reposo Espiritual?

Si tu alma está inquiriendo respecto al reposo espiritual, es una firme evidencia que anhelas lo mejor de Dios. Estarás de acuerdo en que aquellos que verdaderamente desean algo, también manifestarán la determinación de satisfacer ese anhelo. Escucha al salmista expresar su deseo y su determinación:

Una cosa he pedido al Señor, (Su deseo) y ésa buscaré (Su determinación). (Salmo 27:4, comentarios en paréntesis agregados por el autor)

El que hace la pregunta acerca del reposo espiritual también ha comenzado a descubrir que el deseo y la determinación, ¡no son suficientes! Ha aprendido que no puede vivir en la fuerza de su propia determinación. Si sabes lo que es trabajar, y sentirte cansado y abrumado, Dios puede estar profundizando tu deseo de preguntarle acerca de Su reposo para tu alma.

¿Quién Recibe una Respuesta a su Búsqueda?

Hay una historia muy trillada acerca de un joven que vino a estudiar con un hombre sabio. Después de que este joven expresó su deseo de ser ayudado en su conocimiento de Dios, su sabio maestro lo llevó a un lago y lo hizo entrar en el agua. Luego, sin previo aviso, puso sus manos sobre la cabeza de su alumno y la sumergió y la sostuvo debajo del agua. El joven luchó con desesperación por librarse para poder salir fuera del agua y respirar. Confundido y alarmado en su mente, buscó comprender el significado de esa experiencia. Antes de que pudiera siquiera preguntar, su maestro le dijo: "Cuando quieras a Dios tanto como quisiste el aire, lo encontrarás."[1]

Nuestra búsqueda de Dios es meramente una reacción a Su búsqueda de nosotros. El que recibe la respuesta a su pregunta es aquel que responde al estímulo de Dios para buscarle. Al que tiene hambre y sed por Su justicia se le promete satisfacción (Mateo 5:6). Smith Wigglesworth dijo: "El tener hambre y sed de justicia es cuando nada en el mundo nos puede fascinar como nos fascina el estar cerca de Dios."[2] Dios será hallado por aquellos que verdaderamente lo buscan (Mateo 7:7). Cualquier cosa que

---

1. S. J. Hill, *Personal Revival* (Pensacola, Florida: Day Spring Publishers, 1999).
2. W. Hacking, *Smith Wigglesworth Remembered.* (Tulsa, Oklahoma: Harpers House, 1981), 78.

hay en tu vida que te alienta a buscarle; ¡dale a Él las gracias por eso! Es un regalo sin igual que Dios quiere que experimentes, la gracia de la oración.

Un viernes por la tarde después de haber terminado de dar mi última clase y de concluir otras responsabilidades en la oficina, en un estado de agotamiento físico comencé a caminar hacia la estación para tomar el tren que me llevaría a mi hogar. Conforme dejaba mi lugar de trabajo comencé a sentir una carga opresiva en mi corazón. Mi primer pensamiento fue: "Señor, estoy tan cansado. Deja que me olvide de esto." Sin embargo, en respuesta al mandamiento de Dios en Filipenses 4:6, me había propuesto buscar al Señor en cada punto de mi ansiedad. Procedí a entrar en un restaurante y pedí una taza de té caliente. Saqué una hoja de papel y trate de escribir lo que estaba en mi corazón. Una taza de té se convirtió en siete, y ese viernes por la tarde escribí algunas de las percepciones espirituales y de las convicciones más preciosas que Dios jamás me ha dado. En la parte superior de la hoja de papel, la cual todavía conservo, escribí, "Señor, enséñame a ver la bondad en cada carga que me confías y que hace que te busque."

Dios nos confía temores, ansiedades y penas en nuestra alma para alentarnos a buscarle. Como anteriormente notamos, el salmista dice, "Busqué al Señor. . . y me libró de todos mis temores" (Salmo 34:4). Dios te apremia a buscarlo para que Él pueda prosperar espiritualmente tu vida. Como se dijo del rey Uzías: "Y mientras buscó al Señor, Dios le prosperó (2 Crónicas 26:5).

Aquel que busca al Señor, descubrirá en su experiencia que hay algo más fundamental que la determinación de hacer la voluntad de Dios—una continua y completa dependencia en Dios. Esto lo vemos ilustrado en la vida de Cristo y en la de Pablo:

Jesús les dijo: Mi comida es hacer la voluntad del que me envió, y llevar a cabo su obra. (Juan 4:34) (La determinación de Cristo)

Yo no puedo hacer nada por iniciativa mía; como oigo, juzgo, y mi juicio es justo, porque no busco mi voluntad, sino la voluntad del que me envió. (Juan 5:30) (La dependencia de Cristo)

Pero en ninguna manera estimo mi vida como valiosa para mí mismo, a fin de poder terminar mi carrera y el ministerio que recibí del Señor Jesús, para dar testimonio solemnemente del evangelio de la gracia de Dios. (Hechos 20:24) (La determinación de Pablo)

Con Cristo he sido crucificado, y ya no soy yo el que vive, sino que Cristo vive en mí; y la vida que ahora vivo en la carne, la vivo por la fe en el Hijo de Dios, el cual me amó y se entregó a sí mismo por mí. (Gálatas 2:20) (La dependencia de Pablo)

En el Capítulo Veintiuno, mencionamos las tres etapas de la vida cristiana. La primera etapa se caracteriza por las promesas entusiastas que se hacen y las resoluciones de obedecer a Dios. Estas buenas intenciones no cumplidas conducen a la desilusión y a la desesperación de la segunda etapa, conforme uno busca comprender su inhabilidad para cumplir sus resoluciones con la fuerza de su dedicación. La tercera etapa se caracteriza por el pensamiento, "Señor, no puedo, pero debo; y voy a confiar en que tú me darás el poder para hacerlo."

¡No atravesamos por estas etapas sólo una vez! La lección de dependencia tiene que aprenderse y aprenderse de nuevo muchas veces; cada vez en un nivel más profundo. Si tú ves el reposo espiritual como un lujo, necesitas darte cuenta que no lo has comprendido plenamente. No es un lujo; ¡es una absoluta necesidad! Después de que lo hayas visto con esta luz, vendrás a Dios y con reverencia le dirás que para Su gloria no estás dispuesto a vivir sin este reposo. Ahora regresemos al Salmo 27:4:

Una cosa he pedido al Señor (Su deseo), y ésta buscaré (Su determinación): que habite yo en la casa del Señor todos los días de mi vida (Su dependencia), para contemplar la hermosura del Señor, y para meditar en su templo(Su delicia). (Salmo 27:4, comentarios en paréntesis agregados por el autor)

Capítulo Treinta y Ocho

Conociendo la única fuente de reposo espiritual

La búsqueda del reposo espiritual lo puede llevar a uno en muchas direcciones. Hay un anhelo y hasta una búsqueda consciente (o inconsciente) por una "píldora espiritual", que haga posible que alcancemos instantáneamente la madurez espiritual. Podemos estar buscando una cierta experiencia, o alguna conferencia o seminario, una serie de videos, alguna carrera universitaria, o algún otro medio legítimo que Dios pudiera usar. Lo que necesitamos comprender es que puede haber motivos equivocados detrás de esta búsqueda. En esencia podemos estar buscando algo que nos permita graduarnos de una vida de total dependencia en el Señor. Dios, en Su gran compasión por nosotros, escoge tenernos dependiendo de en Él para que podamos experimentar todas las dimensiones de Su amor (compare Efesios 3:14-19). Únicamente Jesucristo puede cumplir las promesas, "yo os haré descansar," y "hallareis descanso para vuestras almas" (Mateo 11:28-29).

Sólo Cristo es la fuente del verdadero reposo. La falta de reposo espiritual es visto como juicio en Apocalipsis 14:11:

> *Y el humo de su tormento asciende por los siglos de los siglos; y no tienen **reposo**, ni de día ni de noche, los que adoran a la bestia y a su imagen, y cualquiera que reciba la marca de su nombre. (Apocalipsis 14:11, énfasis agregado)*

Por lo tanto, el mensaje constante de la Escritura es que el que resiste la oferta del reposo de Dios tendrá que enfrentar Su juicio.

Las buenas nuevas del evangelio son que Jesucristo llevó sobre sí mismo nuestro juicio, ¡para poder darnos toda bendición en el cielo! Él experimentó la maldición de la tormentosa separación de Dios para hacer posible que nosotros conociéramos la promesa del reposo que hay en Su presencia, el cual puede ser experimentado por medio de la gracia de la oración.

Cristo –Quien Revela a Dios como el Dios-hombre

La gracia de la oración no es meramente una actividad humana, sino que nos pone en contacto con el Dios vivo y verdadero, quien se revela en Jesucristo. Cuando el apóstol Juan presentó un resumen de lo que había aprendido de Cristo como testigo ocular y discípulo cercano, lo expresó de la siguiente manera:

> *Y este es el mensaje que hemos oído de Él y que os anunciamos: Dios es luz, y en Él no hay tiniebla alguna. (1 Juan 1:5)*

Nuestro Señor es "la imagen del Dios invisible" (Colosenses 1:15). Él es "el resplandor de su gloria, y la imagen misma de su sustancia" (Hebreos 1:3). Jesús les había dicho a sus discípulos que verle a Él era ver el mismo carácter del Padre, porque Él y el Padre eran uno en esencia (Juan 14:9, 10:30). Es la revelación que hace Jesús del carácter de Dios lo que proporciona el lugar de reposo para nuestra fe:

*Él es una **Persona**. Él hizo al hombre a Su imagen (Génesis 1:26-27), y Él no es meramente una influencia impersonal sino alguien a quien puedes conocer y en quien puedes confiar en todo momento.*

*Él es un **Espíritu**. (Juan 4:24) Puedes ver el mundo físico que Él creó, pero también lo puedes llegar a conocer a Él y al mundo espiritual que también creó. Él puede llenar tu espíritu o vacío en forma de Dios y puede satisfacer tus anhelos más profundos.*

*Él es **Eterno**. (Salmo 90:2) Tu relación con Él te dará una perspectiva que te permitirá ver los sufrimientos de esta vida de manera diferente (Romanos 8:18).*

*Él está **Presente en Todo Lugar**. (Salmo 139:7-12) A donde sea que vayas, ahí está Él. Como creyente en Cristo esto significa que siempre tienes contigo a un Padre, Amigo, Protector y Alguien que te ama.*

*Él lo **Sabe Todo**. (Salmo 139:1-6) Él sabe todo acerca de tu vida y de tu futuro, y este conocimiento está acompañado de Su amor. La voluntad de Dios es exactamente lo que tú desearías si tuvieras toda la información pertinente.*

*Él es **Sabio**. (Santiago 1:5) Él está dispuesto y es capaz de darte sabiduría para vivir esta vida con habilidad y libertad.*

*Él es **Soberano**. (1 Crónicas 29:11-14) Él es el Soberano sempiterno, y Sus propósitos se llevarán a cabo. Él puede vencer el mal para el bien de Sus hijos (Romanos 8:28).*

*Él es **Todopoderoso.** (Apocalipsis 19:6) Él puede otorgarte el poder para que vivas la hermosa vida para la que Él te creó, y el poder para que superes tus temores y ansiedades. Él está por nosotros y es más fuerte que nuestros adversarios, y manifiesta Su poder en nuestra debilidad (Romanos 8:31; 2 Corintios 12:7-10).*

*Él es **Amoroso.** (Romanos 4:8) Él demostró Su devoción por ti, enviando a Jesucristo a morir en tu lugar, cuando tu todavía eras indiferente y tenías una actitud desafiante para con Él. Él desea que experimentes plenamente Su amor que echa fuera todo temor (1 Juan 4:18) y desea hacer posible que seas más que un vencedor en las circunstancias más difíciles (Romanos 8:37). Puedes descansar en Su amor inalterable (Romanos 8:38-39).*

*Él es **Santo.** (Isaías 6:3) Él está totalmente consagrado a lo que es bueno y se opone a todas las acciones, actitudes y palabras que son contrarias a Su carácter perfecto. Debido a Su perfección, puedes confiar plenamente en Su corazón, inclusive cuando no alcances a comprender la obra de Sus manos.*

*Él es **Justo.** (Salmo 9:3-4) Ninguna injusticia o falta de equidad será recompensada en la eternidad. La ley moral de Dios, que Él ha implantado en nuestra conciencia, será eternamente justificada. Él recompensará toda obra de fe que hagas, que sea motivada por Su amor (Hebreos 6:10, 11:6), aunque parezca insignificante u ordinaria (Marcos 9:41).*

*Él es **Fiel y Verdadero.** Él te invita a que le confíes tu vida, quien es el único perfectamente fiel y verdadero.*

Cada mañana puedes esperar encontrar Su ayuda fiel (Lamentaciones 3:23), y puedes experimentar Su provisión fiel para librarte de toda tentación (1 Corintios 10:13) y conflictos espirituales (2 Tesalonicenses 3:3). También puedes reposar en Su promesa fiel de perdonar todos tus pecados (1 Juan 1:9).

*Él es **Misericordioso**. Él tiene una preocupación profunda por ti en tus necesidades, y es capaz de consolarte en tu dolor (2 Corintios 1:3) y de renovar tu espíritu para evitar que te des por vencido (2 Corintios 4:1).*

*Él es lleno de **Gracia**. Aunque merecemos Su juicio, Su gracia ha provisto remedio no sólo para que seamos salvos de nuestra culpa (Efesios 2:8-9), sino también proporciona la motivación y el poder para hacer cualquier cosa que nos pida hacer (1 Corintios 15:10). Por eso es que hacemos referencia a la gracia de la oración en el subtítulo de este libro.*

*Él es **Bueno**. (Marcos 10:18) Él tiene una determinación, generosidad y deleite inmutable en tu bienestar eterno. Él es el autor de toda buena dádiva y todo don perfecto (Santiago 1:17).*

*Él es **Inmutable**. (Malaquías 3:6) ¡Él es inmutable y no cambia en ninguno de sus hermosos atributos! Por ejemplo, Su amor por ti es tan intenso en este momento como lo era cuando estaba muriendo por ti en la cruz. Él nunca dejará de serte fiel ni dejará de cuidar de ti (Isaías 46:3-4).*

¡La experiencia de la gracia de la oración es una vida de confiar en este maravilloso Dios!

Cristo—La Fuente de Riquezas Espirituales Infinitas

La gracia de la oración y del ministerio también se experimenta conforme oramos y vivimos a la luz de nuestras riquezas en Cristo.

¿Quién tiene al Hijo?[1]

Un Coleccionista de Arte Acaudalado
A un hombre acaudalado y a su hijo les encantaba coleccionar obras de arte inusuales. Tenían de todo en su colección, desde Picasso hasta Rafael. Con frecuencia se sentaban juntos para admirar las grandes obras de arte. Cuando estalló el conflicto bélico en Vietnam, el hijo partió para la guerra. Era un hombre muy valeroso y murió en una batalla mientras rescataba a otro soldado. El padre fue notificado y su alma se llenó profundamente de dolor por su único hijo.

Una Pintura del Hijo
Como un mes después, justo antes de la Navidad, alguien tocó a la puerta. Era un joven con un gran paquete en sus manos. Dijo: "Señor, usted no me conoce, pero soy el soldado por quién su hijo dio la vida. Salvó muchas vidas ese día, y me llevaba a cuestas cuando una bala atravesó su corazón; murió instantáneamente. Con frecuencia me hablaba de usted y de su amor por el arte."

El joven levantó el paquete que traía y lo ofreció al hombre diciendo: "Sé que esto no es mucho. Realmente no soy un gran artista, pero pienso que su hijo hubiera querido que usted lo tuviera." El padre abrió el paquete. Era un retrato de su hijo, pintado por el joven soldado. Se quedó

---

1. Autor desconocido, reimpreso del dominio público.

asombrado, mirando fijamente y admirando la manera en que el soldado había capturado la personalidad de su hijo en la pintura. El padre se sintió tan atraído por los ojos, que sus propios ojos se llenaron de lágrimas. Agradeció al joven la pintura y ofreció pagar por ella.

"Oh, no señor, yo nunca podría retribuir lo que su hijo hizo por mí. Es un regalo."

El padre colgó el cuadro encima de la repisa de la chimenea. Cada vez que venían visitas a su casa, primero los llevaba a ver el retrato de su hijo antes de llevarlos a admirar cualquiera de las otras grandes obras de arte que había coleccionado.

Antes de que se Entregue la Herencia Siempre se Requiere la Muerte del Testador

El hombre murió unos pocos meses después. Se organizó una gran subasta de sus obras de arte. Asistieron grandes personalidades emocionadas por la oportunidad de ver esas grandes obras de arte y por la oportunidad de comprar alguna para sus propias colecciones personales. Sobre la plataforma estaba la pintura del hijo. El subastador hizo sonar su martillo de madera.

Subasten al Hijo Primero

"Daremos inicio a la subasta con el retrato del hijo. ¿Quién ofrece por esta pintura?" Solamente se escuchó el silencio. Luego una voz en la parte de atrás de la sala exclamó: "Queremos ver los cuadros famosos. Sáltese ese." Pero el subastador insistió. "¿Quiere alguien ofrecer por esta pintura? ¿Quién inicia la puja, $100, $200?" Otro participante gritó enfadado: "No venimos a ver esa pintura. Venimos a ver los Van Gogh, los Rembrandt. ¡Pasemos a la verdadera subasta!" "¡El hijo! ¡El hijo! ¿Quién se lleva al hijo?", exclamaba el subastador.

Yo Me Llevo al Hijo

Finalmente, se escuchó una voz que venía de la parte posterior de la sala. Era el jardinero quien había trabajado muchos años para el hombre acaudalado cuyas pinturas se estaban subastando. "Yo ofrezco $10 por la pintura."

Siendo un hombre pobre, era todo lo que podía ofrecer. "Tenemos $10; ¿quién ofrece $20?" "Déselo por $10 y pasemos a las obras de los grandes maestros." "Diez dólares es el ofrecimiento, ¿alguien quisiera ofrecer $20?" La multitud comenzaba a enfadarse. Ellos no querían el cuadro del hijo. Ellos querían los cuadros más valiosos para sus colecciones. El subastador golpeó con su martillo, "Vendido a la una, vendido a las dos, ¡vendido por $10!"

Un hombre sentado en la segunda fila gritó: "Muy bien, ¡ahora vamos a comenzar la subasta!"

El que Tiene al Hijo lo Tiene Todo

El subastador bajo su martillo y dijo: "Lo siento, la subasta ha terminado." "¿Pero, y qué de los demás cuadros?", exclamaron muchos. "Lo siento. Cuando se me invitó a realizar esta subasta, se me dijo de una estipulación secreta en el testamento. No se me autorizó dar a conocer esta estipulación sino hasta este momento. Únicamente la pintura del hijo iba a ser subastada. Quienquiera que compre ese cuadro heredaría todos los bienes, incluyendo las demás pinturas. ¡El que se lleva al hijo se lleva todo!"

Compromiso

Hace dos mil años, Dios dio a Su Hijo para que muriera en una cruenta cruz. De manera semejante al subastador, Su mensaje hoy es, "El Hijo, el Hijo, ¿quién quiere al Hijo?" Porque verás, quienquiera que se lleva al Hijo se lleva todo.

Cristo no solamente es la revelación perfecta de Dios, sino que también es el mediador de toda bendición espiritual para nosotros. ¡En Cristo tenemos toda bendición espiritual![2]

> *Bendito sea el Dios y Padre de nuestro Señor Jesucristo, que nos ha bendecido con toda bendición espiritual en los lugares celestiales en Cristo. (Efesios 1:3)*

> *Pues su divino poder nos ha concedido todo cuanto concierne a la vida y a la piedad, mediante el verdadero conocimiento de aquel que nos llamó por su gloria y excelencia (2 Pedro 1:3)*

> *Así que nadie se jacte en los hombres; porque todo es vuestro: ya sea Pablo, o Apolos, o Cefas, o el mundo, o la vida, o la muerte, o lo presente, o lo por venir, todo es vuestro, y vosotros de Cristo, y Cristo de Dios. (1 Corintios 3:21-23)*

La gracia de la oración se experimenta conforme recibes Sus dones y oras a la luz de Su aceptación y deleite (Sección Uno), Su esperanza en tus luchas (Sección Dos), Su motivación y capacitación (Sección Tres), Su consuelo y perspectiva en tu dolor (Sección Cuatro), Su convicción y limpieza (Sección Cinco), Su fe en tus temores (Sección Seis) y Su reposo para tu alma (Sección Siete).

---

2. Ver Apéndice 4

Capítulo Treinta y Nueve

Siendo instruido por un Dios de gracia

Un día, durante un muy atareado semestre de otoño, el Dr. George Sweeting, Presidente del Instituto Bíblico Moody en ese tiempo, vino al púlpito después de que el predicador de esa mañana había terminado. El Dr. Sweeting asombró a la audiencia con estas palabras, "Mañana no tendrán clases. Vendrán a las aulas pero solamente para orar." Con ese anuncio, las horas que había programado para prepararme para las tres clases que me correspondía impartir quedaron libres. Esto vino como un regalo de Dios, dándonos a todos tiempo adicional para buscar al Señor y reflexionar en los mensajes que se habían compartido durante esa semana.

Conforme pensaba en el día siguiente, meditaba en cómo podría aprovechar mejor esta oportunidad. Hablé con el Señor acerca de la posibilidad de ayunar, pero esta idea no parecía ser apropiada para este día en particular. Estaba exhausto así que a la mañana siguiente fui a un restaurante a comer un buen desayuno antes de tomar el tren. Sintiendo que Dios me guiaba inclusive a abandonar mis disciplinas cotidianas, disfruté estar tranquilo y quieto delante del Señor. Fue un día en el que mi cuerpo y mi espíritu recibieron descanso. Algunos escritores de la vida espiritual se refieren a un tiempo en el que necesitamos "aflojar las cuerdas del arco." Mi única responsabilidad era ir a mis clases para guiar a los alumnos en oración. Después de haber hablado solamente lo necesario para dar inicio a la reunión de oración, oré junto con mis alumnos. Procuré estar prácticamente en silencio la mayor parte del día y permanecí quieto delante del Señor en mi espíritu.

Conforme comencé a caminar hacia la estación para tomar el tren esa noche, decidí detenerme a comer primero. Estaba soltero en este tiempo y acostumbraba frecuentar ciertos restaurantes. Muchas veces he dicho que después de casado han de haber pensado que me morí, pues dejé de ir. Esa noche en el restaurante, una de las meseras me dijo algo que nunca antes me habían dicho. Y no lo dijo una o dos veces sino tres veces. Ella expresó: "Camino de un lado al otro del restaurante y percibo prisa y ansiedad, pero paso por su mesa y siento paz."

Si esa noche me hubieras preguntado, "¿Qué hiciste hoy?" Te hubiera respondido, "Estuve quieto y callado, hablé muy pocas palabras, oré con mis alumnos, y comí buenas comidas." Desde la perspectiva del mundo no fue un día muy *productivo*. Sin embargo, creo que el Señor me permitió escuchar las palabras de la mesera para mostrarme, que hay gran provecho y productividad en disminuir el paso y hasta en hacer a un lado nuestra rutina acostumbrada de buscar y servir al Señor cuando Él así nos guía.

Un espíritu apresurado es la muerte de la oración, pues contrista y apaga el Espíritu de Dios. Es Su presencia manifestada la que conduce a la provisión de reposo (ver Éxodo 33:14). Conforme vivimos bajo el yugo de Cristo, Él nos invita a "aprender de [Él]" (Mateo 11:29). Él desea enseñarnos estas verdades inalterables, que hemos intentado ilustrar en este libro, las cuales nos conducen a la experiencia de la oración de gracia y el ministerio como médico del alma.

Hemos de verlo a Él y solamente a Él, como la fuente de toda necesidad y seguir Su dirección. Él siempre honrará la fe genuina que está dispuesta a cooperar con Sus planes y evitar las consecuencias de maquinar en incredulidad.

> *Porque así ha dicho el Señor Dios, el Santo de Israel: En arrepentimiento y en reposo seréis salvos; en quietud y confianza está vuestro poder. Pero no quisisteis, y dijisteis: no, porque huiremos a caballo. Por tanto, huiréis. Y: sobre corceles veloces cabalgaremos. Por tanto, serán veloces los que os persiguen. Mil huirán ante la amenaza de uno solo, ante la amenaza de cinco huiréis, hasta que seáis dejados como una enseña en la cima de un monte, y como señal sobre una colina. (Isaías 30:15-17)*

El decir que siempre lo buscamos implica una vida de fe, pero esto no siempre significa pasividad. Su dirección no solamente tomará en cuenta que eres un ser espiritual, sino que también vives en un cuerpo físico. Hay momentos en que la cosa más espiritual que puedes hacer es tener una buena noche de descanso y comer una buena comida. Él sabe cómo refrescarnos a cada uno de nosotros con nuestras personalidades tan singulares. Hay ocasiones cuando necesitamos apartarnos de las exigencias cotidianas de la vida, así como el Señor instruyó a Sus discípulos a hacerlo en una ocasión:

> *Y Él les dijo: Venid, apartaos de los demás a un lugar solitario y descansad un poco. (Porque había muchos que iban y venían, y ellos no tenían tiempo ni siquiera para comer.) (Marcos 6:31)*

Hay momentos en que nuestro descanso puede hallarse en la provisión de gracia de la comunión cristiana. Así como el apóstol Pablo oró para encontrar descanso y ser reanimado en la compañía de la iglesia de Roma (Romanos 15:32). El Señor es nuestro Pastor y Él sabe cómo hacernos descansar en pastos verdes y junto a aguas de reposo (Salmo 23:2). Los verbos en el hebreo, en el Salmo 23:2 se encuentran en forma causativa, lo que implica que las provisiones de reposo parten de Su iniciativa, no de la nuestra. Me gusta la descripción que Dios hace del hogar de un hombre justo, lo llama "su lugar de descanso" (Proverbios 24:15).

El Lugar de la Disciplina

Me he referido continuamente a la gracia de la oración y cómo es que conduce al reposo espiritual. Podrías preguntarte con toda razón, "¿De qué manera encajan los conceptos de disciplina y gracia?" Me he enfocado en la disciplina espiritual de la oración y del ministerio. Otras disciplinas tales como el estudio, el servicio, el compañerismo y el testificar son importantes. Sin embargo, todas las disciplinas deben ser insertadas en el marco de la gracia de Dios.

Motivaciones Equivocadas para las Disciplinas Espirituales

¿Cómo sabes si te estás acercando a la oración, o a cualquier otra disciplina, de una manera que no es consistente con la gracia de Dios?

No te acercas a las disciplinas espirituales para lograr ser aceptado por Dios. Este es el mensaje de la Sección Uno, capítulos uno al doce de este libro.

No te acercas a las disciplinas espirituales para lograr obtener la victoria sobre el pecado. Es indudable que Dios utiliza las disciplinas para ayudarnos en nuestras luchas, pero el peligro está en tratar de hacer que algo que *nosotros hacemos* sea el fundamento ¡en vez de lo que el Señor ha hecho! Este es el mensaje de la Sección Dos, capítulos trece al dieciocho de este libro.

No te acercas a las disciplinas espirituales para obtener motivación en la vida cristiana. Hay algo de verdad en el hecho de que nuestra participación en las disciplinas efectivamente nos motiva, pero el error se encuentra en cambiar el objeto de nuestra confianza, que es Cristo y *Su devoción* por nosotros, a nosotros y nuestra devoción por Él. Hemos de buscar solamente a Cristo, para que nos provea de la motivación y del poder para vivir la vida cristiana; y debemos dejar que nos guie a la disciplina que Él utiliza como medio para Su gracia. Este es el mensaje de la Sección Tres, capítulos diecinueve al veintidós de este libro.

No te acercas a las disciplinas espirituales para obtener limpieza de la culpa de tu pecado. Como mencionamos anteriormente, necesitamos estar conscientes de cuándo somos motivados por la culpa en nuestras vidas, pues eso produce obras muertas. Este es el mensaje de la Sección Cinco, capítulos treinta al treinta y tres de este libro.

Las Metas Correctas de las Disciplinas Espirituales

Las disciplinas espirituales son provisiones de la gloria y gracia de Dios. El problema ocurre cuando comenzamos a verlas de una manera que nos desvía de Cristo y de Su obra terminada. Nuestra motivación y capacidad para vivir la vida cristiana, nuestra autoridad para vivir la vida cristiana, nuestra aceptación y la provisión de limpieza y restauración se encuentran en CRISTO y solamente en CRISTO.

Dios ciertamente utiliza las disciplinas espirituales para ayudarnos a llegar a ser semejantes a Cristo. Son herramientas (las cuales son indicadores de nuestra madurez espiritual), que utiliza el Espíritu de Dios para ayudarnos a ser conformados a la imagen de Cristo; no son un fin en sí mismas.

Las disciplinas espirituales son necesarias para fortalecer nuestros espíritus. Cuando leemos el resumen en un solo versículo de cómo maduró Juan el Bautista, leemos que se fortalecía en espíritu (Lucas 1:80). Lo mismo se dice del desarrollo humano de nuestro Señor (ver Lucas 2:40). A cada persona que Dios ha creado le ha dado un espíritu. Cuando una persona se convierte en cristiano, su espíritu es avivado para que pueda tener una relación con Dios. A esto se le llama regeneración. Conforme crecemos, Dios desea que nos fortalezcamos en nuestro espíritu y no en nuestros impulsos carnales. Por esta razón, Pablo ora por los creyentes en Éfeso para que sean fortalecidos (la misma palabra griega que aparece en Lucas 1:80 y 2:40) en su hombre interior (o espíritu humano) por el Espíritu Santo (Efesios 3:16). Al involucrarnos en las disciplinas espirituales, estamos cooperando con el Espíritu (compara Gálatas 6:8—siembra para el Espíritu).

Las disciplinas espirituales son medios que podemos usar para *conocer* mejor a Cristo y las riquezas que tenemos en Él. De esa manera podemos madurar, al ir conociendo Su amor por nosotros y al responder a ese amor, amándolo a Él con todo nuestro ser, lo cuál es la meta más grande en toda la vida (Mateo 22:37-39).

Las disciplinas espirituales son también un medio que Dios utiliza para hacer que busquemos ser piadosos (1 Timoteo 4:7). En términos prácticos, el ser piadoso es ser semejante a Dios en Su carácter moral, conforme nos ocupamos con Él y practicamos Su presencia. Las disciplinas espirituales son maravillosas provisiones de Dios. Conforme las buscas, ¡asegúrate de *continuar* en la *gracia* de Dios!

Dick Averbeck ha sido un líder en promover la transformación espiritual en el entrenamiento de líderes para la siguiente generación. Él compara al Espíritu Santo con el viento y al creyente con un barco. En esta analogía, las disciplinas espirituales son las velas que uno iza para atrapar al viento; asimismo las diversas disciplinas espirituales necesitan ser dirigidas y energizadas por el Espíritu. El Espíritu de Dios te apremiará para que ices las velas y recibas Su poder, que te posibilitará para ser una persona semejante a Cristo, involucrándote en compañerismo significativo con otros y haciendo tu parte en compartir la gracia de Dios con el pueblo de Dios y con el mundo perdido.

Es mi oración que cada lector de este libro continúe creciendo en las disciplinas espirituales, conforme las busca en el contexto de la gracia de Dios y experimente el verdadero reposo.

Capítulo Cuarenta
Conociendo el lugar donde se experimenta el reposo espiritual

La gracia de Dios conduce al lugar de reposo porque nos permite mantener comunión con Cristo y vivir bajo Su yugo liberador:

Venid a mí, todos los que estáis cansados y cargados, y yo os haré descansar.

> *Tomad mi yugo sobre vosotros y aprended de mí, que soy manso y humilde de corazón; y HALLARÉIS DESCANSO PARA VUESTRAS ALMAS. Porque mi yugo es fácil y mi carga ligera. (Mateo 11:28-30)*

Jesús dice que hay un solo lugar para experimentar descanso, y es llevando Su yugo (Mateo 11:29). Él estaba hablando con personas que se encontraban bajo la carga de su propio pecado y culpa. Su invitación a todos los hombres es que intercambien esta carga por el don de Su yugo. El Dr. Dwight Pentecost describe el trasfondo agrícola de esta metáfora:

> *Los domingos por la tarde acostumbraba salir a un pequeña iglesia rural para enseñar en su escuela dominical. Una tarde el director de la escuela dominical, quien era un agricultor, y yo, estábamos haciendo visitas en la*

comunidad. Al ir por el camino vimos un viejo agricultor arando con una yunta de bueyes. Cuando miré a la yunta quedé asombrado, pues uno era un enorme buey y el otro era un pequeño novillo. El buey descollaba por sobre el pequeño novillo con quien compartía el trabajo. Me asombraba y desconcertaba ver al campesino tratando de arar con dos animales tan desproporcionados en el yugo, de manera que comenté acerca de la disparidad al hombre que me acompañaba. Él detuvo el auto y dijo, "Quiero que te fijes en algo. ¿Ves la manera en que el arado está sujeto al yugo? Podrás observar que el enorme buey está jalando todo el peso. El novillo está siendo adiestrado para llevar el yugo, pero realmente no tira de ninguna parte de la carga." Mi mente instintivamente recordó el pasaje de la Escritura donde nuestro Señor dijo, "Llevad mi yugo sobre vosotros, y aprended de mí, que soy manso y humilde de corazón; y hallaréis descanso para vuestras almas."

En el yugo normal, la carga se distribuye equitativamente entre las dos bestias que comparten el yugo; pero cuando nosotros estamos en el yugo con Jesucristo, Él lleva la carga, y nosotros, que estamos unidos a Él, compartimos el gozo y la satisfacción del trabajo terminado, pero sin la carga del yugo. La tragedia es que algunos de nosotros nunca hemos permitido ser adiestrados para llevar el yugo.[1]

El poder vivir bajo el yugo de Cristo es un don. Él dice que Su yugo es fácil de llevar y que Su carga es ligera. Un pasaje de la Escritura que parece no tener que ver con nosotros es el versículo, "No hay paz para los malvados" (Isaías 48:22). Nuestra respuesta es, "Sí, ellos no merecen reposo y paz." Hagámonos una simple pregunta, "¿Qué puede ser más malvado que decirle al Señor que

---

1. Dwight Pentecost, *"Out of Bondage",* Kindred Spirit, Fall 1986, p. 10.

no puede enseñorearse de alguna área en particular de nuestra vida?" Tal rechazo a vivir bajo el yugo de Cristo nos roba de una vida de reposo y de paz.

Todavía recuerdo los pensamientos que cruzaron por mi mente durante una reunión, en la cual el predicador estaba exhortando a las personas a rendir sus vidas al Señor. Mi pensamiento triste y equivocado fue, "Me pregunto quién será el infortunado que será atrapado esta noche. Supongo que alguien tiene que ser, pero me da lastima esa persona." Obviamente yo no conocía al Señor en ese tiempo. ¿Si Dios es perfectamente amoroso y perfectamente sabio, y si es posible vivir bajo Su control, acaso no sería una locura no hacerlo? ¡Sí, y el pecado es una locura! Pecar contra Dios es dañarnos a nosotros mismos (Proverbios 8:35-36).

Cuando uno comienza a ver el yugo que nos ofrece Cristo como un don, también empieza a comprender la disciplina amorosa de Dios por Sus hijos. Cuando Israel rechazó que Dios gobernara sobre ellos, Él los disciplinó haciéndolos vivir bajo la mano cruel de los asirios y de los babilonios. Si rehusamos que Cristo gobierne sobre nuestras vidas, Él permitirá que vivamos bajo el gobierno de nuestros deseos engañosos y bajo el gobierno de las opiniones de las personas. Cristo murió para librarnos de la esclavitud de vivir agradándonos a nosotros mismos y agradando al mundo, y para que pudiéramos experimentar la libertad de Su yugo amoroso. Recuerdo a la persona que dijo que había aprendido lo que significaba la palabra "ocupado": estar bajo el yugo de Satanás. (Nota del traductor: En inglés la palabra ocupado es "BUSY" y forma el siguiente acróstico: "**B**eing **U**nder **S**atan's **Y**oke" que significa estar bajo el yugo de Satanás.) ¿Por qué no decirle al Señor que tu mayor deseo es dejar que Él controle tu vida?

Escuché al Dr. Carl Armerding dar una plática cuando tenía ochenta y cinco años de edad. Compartió cómo había llegado a conocer a Cristo a los 15 años de edad. A los 17 años leyó

Romanos 12:1 que dice: "Por consiguiente, hermanos, os ruego por las misericordias de Dios que presentéis vuestros cuerpos como sacrificio vivo y santo, aceptable a Dios, que es vuestro culto racional." Este versículo le impactó, de manera que le preguntó a otro creyente que si lo había leído. "Oh, por supuesto, hasta lo he memorizado," fue su respuesta. "¿Alguna vez lo haz hecho?", preguntó. "No." "¿Sabes cómo se hace?" "No." Luego le preguntó a otro, que le respondió: "Ve a tu cuarto y cierra la puerta, ponte de rodillas, luego pon tu dedo sobre el texto, y dile a Dios que tú quieres hacer eso." Conforme siguió estas instrucciones, él explicó como Dios había iluminado su mente, mostrándole como Él se refería a todo; cada parte de su cuerpo debía ser presentada a Dios. Él hizo ese acuerdo espiritual con Dios ese día antes de salir del cuarto, y ahora hablaba de ello casi setenta años después. "Ese acuerdo me ha librado y me ha protegido de cometer todo tipo de pecados, y me ha ayudado a tomar innumerables decisiones en estos últimos setenta años," explicó. Él había hallado reposo bajo el yugo de Jesucristo.

El temor es probablemente el más grande enemigo que nos impide entregar completamente el control de nuestras vidas al Señor. Que Dios nunca nos abandonará (Hebreos 13:5), no es la única cosa que necesitamos saber, sino también que nos pide que nos entreguemos a Él. ¿Habrá alguna área de tu vida, alguna relación con alguien o alguna posesión en la que Cristo no tenga el acceso y control completo? ¿Por qué no le preguntas a Dios cuánto es lo que te va a costar aferrarte a eso? ¿Acaso no es eso una necedad semejante a la de Esaú que vendió su primogenitura por un plato de lentejas? En la autoridad de Cristo, abre tu mano y suelta eso a lo que te aferras y entrégaselo a Cristo. Permite que Él te recuerde que Su voluntad es "exactamente lo que tú desearías si conocieras todos los datos y detalles que Él conoce." Le doy gracias a Dios por cosas que me ha provisto, cosas que yo ni siquiera sabía cómo pedirlas. También lo alabo por las cosas que *retuvo*, y no me dio, cosas que pensaba necesitar en algún tiempo. Él es un Dios sabio y amoroso, así que permite que este amor eche fuera el temor.

La siguiente oración es algo que anoté después de escuchar un sermón del Dr. Charles Stanley acerca de la vida entregada. Tal vez estas palabras expresen el deseo de tu corazón:

> *Con base en un correcto conocimiento de Ti y de todo lo que Tú has hecho por mí en Cristo, yo gozosamente hago el compromiso definitivo de reconocer que Tú eres el dueño de mi vida. Cedo cada parte de mi vida, todas mis posesiones y relaciones para que sean posesiones tuyas, y para que Tú las controles desde este momento en adelante y para siempre. Estoy disponible para lo que Tú quieras, dónde sea que lo quieras, y cómo sea que lo quieras mientras tenga vida. Todas mis decisiones estarán basadas en esto. Confío en ti y solamente en ti para mantener este compromiso. Para Tu gloria y para mí beneficio eterno. Amén.*

El presentarnos a Él es solamente una respuesta a la revelación de Su carácter misericordioso y a las riquezas infinitas que Él ha provisto para nosotros en Cristo (Romanos 12:1; Efesios 1:3). Un día leí un sermón que relataba la historia de un misionero en el Congo Belga, quien vio a un nativo siendo atacado por un león. Mató al león y llevó al nativo a su casa donde lo curó y cuidó hasta que recuperó su salud. El hombre entonces pudo regresar a su propio hogar. Un día el nativo regresó con su esposa, sus hijos, unos pocos cerdos y algunas gallinas. Se arrodilló delante del misionero y dijo: Señor, es la ley de mi tribu y la ley de la selva que si un hombre salva tu vida de un león, tú y todo lo que tienes le pertenece a ese hombre. Aquí estoy. Traje todas mis posesiones. Soy su esclavo."

¡Es Jesucristo quien no solamente nos ha salvado y aceptado plenamente, sino que también hace posible que podamos presentarnos nosotros y todos nuestros miembros a Él! Abre tu vida completamente a Su amor, y Él te permitirá experimentar Su gracia, la gracia que es lo único que te puede permitir ser todo para lo que Dios te ha creado.

Dios se va a encargar de lo que se le presenta a Él. Hace más de treinta años recibí una carta que contenía la siguiente ilustración. Decía, que si fueras el dueño de una casa y el techo se derrumbara, tú tendrías un problema. Sin embargo, si vendieras la casa a alguien y el techo se le derrumbara, alguien más tendría el problema. En reverencia a Dios, cuando has presentado tu vida a Él, tus problemas son Sus problemas. Él es poderoso para proteger aquello que se le confía (2 Timoteo 1:12). Nos trae seguridad y confianza saber que en un momento en el que podamos estar confundidos y necesitados de dirección, podemos decirle a Dios: "Señor, mi vida y todos los días de mi vida están en tus manos. Depende de ti ponerme en el lugar donde puedas recibir la mayor gloria. Por donde guíes, yo te seguiré."

Conforme te abandonas a Él, Dios nunca te abandonará—nunca. Su gracia será suficiente, pues Él la derrama sobre los humildes (Santiago 4:6). Cuando a Policarpo se le dio la oportunidad de jurar su lealtad al César y denunciar a Cristo para salvar su vida de la hoguera, respondió: "Ochenta y seis años le he servido y nunca me hizo ningún mal, ¿cómo podría blasfemar a mi Rey, quién me salvó?"

Que cada uno de nosotros experimente esta gracia y continúe clamando al Señor, hasta que nos lleve a casa para estar con Él.

Apéndice Uno
Versículos para ayudarnos en nuestra lucha con la culpabilidad

Versículos que ayudan en nuestra forma de ver a Dios

Salmo 86:5
Dios está "dispuesto a perdonar" a un corazón arrepentido.

Proverbios 28:13
Dios es misericordioso con los que confiesan y abandonan su pecado.

Romanos 8:1
Dios no condena a un verdadero creyente a la penalidad o poder del pecado.

Romanos 8:31
Dios está a favor del creyente.

Romanos 8:38-39
El amor de Dios por el creyente es constante.

Versículos que ayudan en nuestro entendimiento de la Muerte de Cristo

Juan 19:30
"Todo se ha cumplido" fue el clamor de nuestro Señor en la cruz. Este clamor lleva la idea de que la deuda por nuestro pecado fue pagada en su totalidad.

1 Juan 2:2
Con la muerte de Cristo, la ira de Dios quedó totalmente satisfecha, de manera que ahora, en su justicia, puede tratarnos con bondad.

Versículos que nos ayudan a entender el Perdón

Salmo 103:12
Tenga en cuenta la totalidad con la cual Dios eliminó nuestro pecado.

Salmo 130:3-4
El resultado de entender nuestro perdón, es un correcto temor de Dios.

Isaías 43:25
El perdón de Dios por amor de Su nombre, glorifica su carácter glorioso, misericordioso y amoroso.

Ezequiel 36:25
Dios nos limpia de todas nuestras impurezas e idolatrías como provisión del nuevo pacto.

Miqueas 7:19

Dios toma nuestros pecados y los arroja al fondo del mar. Corrie ten Boom solía decir que Él también pone un letrero que dice, "Prohibido pescar".

Colosenses 2:13-14

Dios perdona todos nuestros pecados.

Hebreos 10:17

Dios dice que nunca más se acordará de nuestros pecados.

Versículos que demuestran la necesidad de una conciencia limpia

1 Timoteo 1:18-19

1 Pedro 3:16

Versículos con promesas para el creyente que confiesa su pecado

Proverbios 28:13

1 Juan 1:7; 9

Versículos que demuestran el deseo de Dios de restaurar a un creyente a la bendición de estar bajo Su autoridad

Santiago 4:6-10

Versículos que nos ayudan a lidiar con los recuerdos de nuestro pasado

Juan 4:13-14

Jesús ofrece perdón a una mujer que había tenido cinco esposos y vivía inmoralmente con otro que no era su esposo. Ella se convierte en un testimonio para toda la ciudad.

Lucas 7:44-50

Jesús perdona a una mujer inmoral y afirma que un entendimiento del perdón produce mayor amor por Dios.

2 Crónicas 16:9

No podemos ofrecer a Dios un corazón que jamás haya pecado, pero podemos ofrecerle un corazón que sólo confía en Él.

1 Corintios 15:8-10

Pablo atribuye su vida y llamado al ministerio a la Gracia de Dios. Afirma que siendo el menor de los apóstoles, esta misma gracia le permitió trabajar más que todos los apóstoles.

1 Timoteo 1:12-17

Pablo atribuye su salvación a la misericordia de Dios, habiendo sido el peor de los pecadores, un blasfemo, perseguidor e insolente. Esta misericordia y paciencia perfectas para con él, proveerían la esperanza de que cualquiera puede ser salvo.

Romanos 8:28-29

Para el corazón arrepentido, Dios tiene el poder de tomar aquello que no era bueno—incluso nuestro pecado—para transformarlo en aquello que nos puede conformar a la imagen de Cristo.

 Apéndice Dos
Ejemplos de las escrituras que contrarrestan nuestros temores

El temor a la oposición

Romanos 8:31
Date cuenta que hay Uno que está por ti.

El temor al fracaso

Date cuenta que el verdadero éxito consiste en obedecer a Dios y hacer Su voluntad. El patrón del éxito se observa en Juan 17:4:

> *Yo te glorifiqué en la tierra; habiendo terminado la obra que me diste que hiciera.*

En cualquier situación, serás un éxito si confías en que Cristo será honrado y magnificado, y en que Dios alcance Sus propósitos (compara Filipenses 1:20).

El temor al daño causado por la maldad

Salmo 121:7-8
El Señor es nuestro Protector.

Proverbios 12:21
Ninguna adversidad verdadera (eterna) acontecerá al justo.

Romanos 8:28
Dios hace que predomine el bien sobre el mal.

El temor al rechazo

Salmo 27:10
Aun si uno es rechazado por su padre o su madre, todavía puede acudir a los brazos abiertos del Señor.

El temor a la ancianidad

Salmo 92:14-15
Uno todavía puede dar fruto en la vejez.

Isaías 46:3-4
Dios será inmutablemente fiel con nosotros desde nuestro nacimiento hasta nuestra vejez.

El temor a la soledad

Hebreos 13:5
Cristo nunca nos dejará ni nos abandonará.

Apéndice Tres
Resumen de capítulos 34 - 36

Hemos de admitir nuestros temores—no encubrirlos ni negarlos.

¿Qué sucede cuando los ADMITES?

1. Te alienta a buscar a Dios. (Salmo 34:4)
   ⇨ Identifica tu temor
2. Te alienta a purificar tu corazón. (Santiago 4:8)
   ⇨ Identifica tus metas y motivos.
3. Te alienta a creer en Dios. (Juan 14:1)
   ⇨ Identifica promesas.

¿Qué sucede cuando los ENCUBRES?

1. Carecerás de integridad espiritual y serás motivado por el temor. (Salmo 28:13; 1 Samuel 15:24)
2. Carecerás de fruto eterno. (Proverbios 127:1-2; Juan 15:5)
3. Carecerás de paz. (Juan 14:27)

Apéndice Cuatro
Entendiendo Nuestras Riquezas Espirituales

Como punto de partida para entender tus riquezas espirituales, mira estos cuatro pasajes y observa las bendiciones que te pertenecen. Como creyente en Cristo tú puedes decir:

Romanos 5:
1. Dios me ha declarado Justo (Romanos 5:11, 8:30).
2. Tengo paz para con Dios (Romanos 5:11).
3. Permanezco en la gracia de Dios (Romanos 5:2 cf. Hebreos 5:4:16).
4. Tengo una gloriosa esperanza futura de experimentar Su gloria (Romanos 5:2).
5. Tengo una nueva actitud ante las pruebas, sabiendo que son para mi propio bien (Romanos 4:3-5; 8:28).
6. Se me ha dado el Espíritu Santo (Romanos 5:5, 8:9).
7. Tengo una fe que no defraudará (Romanos 3:5).
8. Soy amado aún cuando no tenía esperanza, era impío y pecador (Romanos 5:6-8).

9. Tengo la seguridad de ser salvo de la ira futura (Romanos 5:9).

10. He sido reconciliado con Dios (Romanos 5:11).

Romanos 6:
1. He muerto al control del pecado sobre mi vida y puedo vivir una nueva vida (Romanos 6:1-10).

2. He sido liberado para presentar cada miembro de mi cuerpo a Dios para que sean instrumentos de justicia (Romanos 6:11-14).

3. He sido liberado de la esclavitud al pecado y soy siervo de la justicia y siervo de Dios (Romanos 6:15-23).

Romanos 8:
1. No estoy condenado a la penalidad o poder del pecado (Romanos 8:1).

2. Tengo al Espíritu de Dios y pertenezco a Él (Romanos 8:9).

3. Mi espíritu ha sido vivificado para Dios (Romanos 8:10).

4. Tengo al Espíritu Santo que me guía a la libertad, intimidad con Dios, seguridad y esperanza (Romanos 8:14-17).

5. Soy heredero de Dios y coheredero con Cristo (Romanos 8:17).

6. Tengo un glorioso futuro (Romanos 8:18).

7. Tengo la esperanza de un cuerpo redimido (Romanos 8:23).

8. Tengo al Espíritu Santo para comunicar mis más profundos anhelos a Dios aún cuando no sé cómo expresarlos (Romanos 8:26-27).

9. Tengo un Dios que gobierna al mundo y anula todos los eventos bajo el sol para mi bien eterno (Romanos 8:28).

10. He sido escogido por Dios (Romanos 8:28, Efesios 1:4).

11. He sido predestinado a ser conformado a la imagen de Cristo (Romanos 8:29).

12. He sido llamado a una relación con Cristo (Romanos 8:30).

13. Tengo la absoluta seguridad de ser glorificado (Romanos 8:30). Dios está de mi lado y es más grande que todos mis opositores (Romanos 8:31).

14. La dádiva de Cristo me ha sido dada y nunca me faltará nada que necesite para hacer su voluntad (Romanos 8:32).

15. Tengo un Salvador que intercede por mí todo el tiempo (Romanos 8:34; cf. Hebreos 7:25).

16. Puedo irresistiblemente conquistar cualquier circunstancia (Romanos 8:37).

17. Nunca podré ser separado del amor de Dios (Romanos 8:38-39).

Efesios 1:3-14

1. He sido escogido por Dios (Efesios 1:4).

2. He sido predestinado para disfrutar los derechos plenos de ser adoptado en la familia de Dios (Efesios 1:5).

3. He sido favorecido gratuitamente con la gracia de Dios (Efesios 1:6, 8).

4. He sido redimido con la sangre de Cristo (Efesios 1:7).

5. He sido perdonado totalmente de todos mis pecados (Efesios 1:7).

6. He recibido la revelación del propósito de Dios de que un día toda rodilla se doblará ante Cristo (Efesios 1:9-10; cf. Filipenses 2:4-11).

7. Se me ha dado una herencia gloriosa y soy tan apreciado por Dios que me llama Su herencia (Efesios 1:11, 18).

8. He sido sellado con el Espíritu (Efesios 1:13).

Ahora, a medida que leas el Nuevo Testamento, ¡añade a esta lista!

Apéndice Cinco
¿Estás adorando al Dios de gracia?

- ✢ ¿Le das gracias por *toda* buena dádiva y *todo* don perfecto, comprendiendo que cualquier cosa que recibes, excepto Su ira eterna, se debe a Su gracia? (Santiago 1:17)

- ✢ ¿Has comprendido que la obra de Cristo te ha librado de la condenación, que viene por no alcanzar la norma santa de Dios y ha hecho posible que seas aceptado plenamente como hijo amado de Dios? (Romanos 8:1)

- ✢ ¿Has comprendido que la obra de Cristo te ha liberado de la esclavitud a tus enemigos espirituales ⎯ tu carne, el sistema del mundo, y el diablo y sus demonios? (Gálatas 2:20, 6:14; Colosenses 2:15)

- ✢ ¿Has comprendido que se te pide descansar en Dios y permitirle producir en ti una vida que le honre a Él, beneficie a otros y te permita estar completo? (Juan 15:5)

- ✢ ¿Has comprendido que toda jactancia orgullosa es pecado? (1 Corintios 1:29)

- ✢ ¿Has comprendido que tú no eres el juez supremo de nadie, y que solamente hay un Juez? (Santiago 4:12)

✟ Procuras afirmar a otros en todas las formas que puedes, valorar la dignidad de otras personas y apoyar y alentar a otros con tus palabras y estilo de liderazgo? (Efesios 4:29; 1 Pedro 5:1-3)

✟ ¿Has comprendido que Dios te dará la motivación y hará posible que puedas practicar en tu vida cada mandamiento en las Escrituras, y que puedas enfrentar todo desafío en tu vida? (2 Corintios 12:7-10; 1 Corintios 15:10)

✟ ¿Has comprendido que vivir bajo la gracia no significa que no haya consecuencias por el pecado, sino más bien implica que hay perdón y que Dios es capaz de tomar tus fracasos pasados y entretejerlos en Su plan y bendecir a un corazón arrepentido? (Romanos 8:29)

✟ ¿Estás dispuesto a ser malentendido (Romanos 6:1) o hasta perseguido por tu entendimiento de la gracia? (Gálatas 4:21-31)

Guía de Estudio
Cómo ser un médico del alma: aprendiendo cómo Cristo satisface los deseos más profundos del alma por medio de la gracia de la oración

Semana Uno
SECCIÓN 1 – Capítulos 1-6

Día Uno

Lee los capítulos 1-2 y responde a las siguientes preguntas:

- ¿Has alabado a Dios hoy porque Él continuamente está pensando en ti (Salmo 139:17-18)? Si no, escribe tu alabanza a Él ahora mismo.

- Lee las citas de S.J. Hill y de Ravi Zacharias. Ora pidiendo que Dios te abrume con Su amor por ti. Escribe tu oración.

- Lee la analogía del evangelio al principio del capítulo 2.

  → ¿Te ves a ti mismo como un hijo del Rey o como ese limosnero pobre y patético en la calle? Pídele a Dios que te muestre cualquier pensamiento equivocado que tengas de ti mismo.

- → ¿Te ves a ti mismo como alguien en quien Dios se deleita o estás tratando de ganarte el agrado de Dios (Salmo 18:19)? ¿Te ves a ti mismo perfectamente justificado delante de Dios o cómo un fracaso delante de Él (Romanos 5:1)?
- → ¿Te ves a ti mismo como reconciliado para siempre o temes Su rechazo (Romanos 5:10)?
- → ¿Alabas a Dios porque Cristo llevó la ira que tú merecías recibir, y porque es tu sacrificio propiciatorio (Romanos 3:25)?
- Medita en la historia del pastor coreano y escribe una alabanza a Dios porque es tu Padre Celestial, quien te adoptó en Su familia.

Día Dos

Lee el capítulo 3 y responde a las siguientes preguntas:

- ¿Cuándo estás en problemas tu primera reacción es clamar a tu Padre Celestial?
- Toma unos minutos para meditar en tu herencia viéndola a través de los ojos de un Dios bueno y soberano. ¿De qué manera utilizó Dios tu experiencia con tus padres para prepararte para conocerlo a Él como el Padre Perfecto?

Día Tres

Lee el capítulo 4 y responde a las siguientes preguntas:

- Lee cuidadosamente las verdades bíblicas de lo que Dios dice acerca de ti. De las verdades incluidas en el capítulo, anota las tres que en este tiempo te son más preciosas.
- En fe, ora la oración que viene al final del capítulo.

Día Cuatro

Lee los capítulos 5-6 y responde a las siguientes preguntas:

- Repasa la historia de Tom, de cómo fue valerosamente al trono de gracia. ¿Con cuál preocupación necesitas venir con libertad ahora mismo al trono de gracia?

- ¿Qué fue lo que entendió Mishna de Jesús que hacía a Cristo diferente?

- ¿En cuál situación es en la que más te puedes regocijar, porque Cristo te comprende y nunca te dejará ni te abandonará (Hebreos 13:5)?

Semana Dos
SECCIÓN 1 – Capítulos 7-12

Día Uno

Lee el capítulo 7 y responde a las siguientes preguntas:

- ¿Cuál es la única vez en que Dios es representado como yendo de prisa?

- ¿De qué manera Romanos 8:28 consuela al corazón arrepentido con respecto a su pecado pasado?

- ¿De qué manera las palabras de Santiago 4:8 te muestran el corazón reconciliador de Dios? Compara este versículo con Santiago 4:4, para ver de quién está hablando (compare Proverbios 28:13).

Día Dos

Lee el capítulo 8 y responde a las siguientes preguntas:

- En oración lee 1 Corintios 9:19 y pídele a Dios en la autoridad de Jesucristo que te conduzca a experimentar la plena libertad que te permite ser un siervo.

- Anota un ejemplo de tu propia vida en donde necesitas experimentar el ser libre del señorío de las expectativas de otros.

- Anota un ejemplo de tu vida, en donde necesitas experimentar la libertad de no permitir que la manera en que los otros responden, sea la base para tu gozo en el Señor.

Día Tres

Lee los capítulos 9-10 y responde a las siguientes preguntas:

- Ora a través de la lista que describe las diferencias entre el servicio verdadero y el falso. Anota un contraste que sea más evidente para ti.

- En respuesta al último párrafo del capítulo 9, escribe tu oración a Dios creyendo que Él te va a guiar en la libertad de vivir delante de Dios.

- Conforme lees el capítulo 9, pídele a Dios que te muestre una manera específica, en la que tus relaciones con otras personas pueden beneficiarse al vivir bajo el control de Cristo. Escribe esto y cree que Dios lo hará.

- Lee el capítulo 10 y ¡pídele a Dios que te abrume con Su amor y aceptación!

Día Cuatro

Lee los capítulos 11-12 y responde a las siguientes preguntas:

- ¿Cómo piensas que la historia de Lucas 10:38-42 se relaciona con la historia que la precede del Buen Samaritano (10:25-37) y el pasaje que la sigue acerca de la oración (11:1-13)?

- En tu interes de vivir una vida tranquila(1 Tesalonicenses 4:11), ¿qué cuidado o carga necesitas echar sobre el Señor ahora mismo (Filipenses 4:6-7)?

- ¿Cuál es la diferencia entre aceptar mentalmente la verdad de que Dios te acepta y el descansar en esa verdad?

Semana Tres
SECCIÓN 2 – Capítulos 13-18

Día Uno
Lee el capítulo 13 y responde a las siguientes preguntas:
- ¿De cuáles expresiones de la vida egoísta o la carne estás más consciente?
- ¿Cuál es el problema con hacer de nuestro deseo, determinación o disciplina el fundamento para una vida victoriosa?
- ¿Cuál es el único fundamento apropiado?
- ¿Qué experiencia nos ha dado Dios a cada uno, para prepararnos a entender la verdad de estar "en Cristo"?
- ¿Qué significa haber "muerto al pecado"?
- Da una ilustración de este concepto.

Día Dos
Lee los capítulos 14-15 y responde a las siguientes preguntas:
- Escribe tu explicación del significado del mandamiento de Romanos 6:11.
- ¿Qué perspectiva obtienes de la ilustración de la pollada de codornices?
- ¿Qué perspectiva obtienes de la ilustración acerca del águila y las gallinas de las praderas?
- Escribe la más grande batalla en tu vida con respecto a tu lucha contra el pecado. Da gracias a Dios por la verdad de Romanos 6:11, en relación con esta lucha.

Día Tres

Lee el capítulo 16 y responde a las siguientes preguntas:

- Lee la ilustración acerca de cómo atrapan monos en el Norte de África. ¿Respecto a qué persona, posesión o posición te es más difícil soltar lo que has agarrado?

- ¿Qué nos enseñan estos versículos respecto al pecado?

    → Hebreos 3:13

    → Proverbios 8:36

    → Jeremías 5:25

- ¿Quisieras escribir tu clamor a Dios por liberación del engaño del pecado?

Día Cuatro

Lee los capítulos 17-18 y responde a las siguientes preguntas:

- Anota una de tus luchas más grandes. Anota tu alabanza a Cristo por morir y resucitar para darte la victoria en esta área.

- Pídele a Dios que te muestre cuál es la raíz que causa esta lucha que acabas de escribir y luego anota tu percepción del problema.

- Ora por ti mismo y por lo menos que otra persona más lo haga, para que Dios te dé "esperanza" en tu mayor lucha (ver Efesios 1:15-23).

- Mira las palabras que inspiraron a D.L. Moody a consagrarse a sí mismo al Señor. Medita en Romanos 6:11-13 y escribe tu propia oración de consagración plena al Señor.

Semana Cuatro
SECCIÓN 3 – Capítulos 19-22

Día Uno
Lee el capítulo 19 y responde a las siguientes preguntas:

- En actitud de oración lee 1 Pedro 5:2, y pregúntale a Dios si hay algo que está apagando en ti la motivación para orar. Anota lo que Dios te muestre.

- Define "gracia" en I Corintios 15:10. ¿Cómo la puedes relacionar con la verdad de Ezequiel 36:27?

- ¿Puedes creer que Dios te puede mantener fiel a Él y hacer que puedas perseverar hasta el final de tu vida? ¿Qué ánimo recibes de estos versículos? Escribe tu reacción o respuesta a cada uno de estos versículos.

    → Filipenses 2:13

    → Romanos 15:5

    → Lamentaciones 3:23

Día Dos
Lee el capítulo 20 y responde a las siguientes preguntas:

- ¿De qué manera une, Colosenses 1:29, "nuestro" rol y el rol de Dios en la vida cristiana?

- ¿De qué manera contiene cada mandamiento de Dios una promesa escondida cuando comprendes la gracia de Dios?

- ¿Por qué no vienes a Dios ahora mismo, y en humildad le pides la gracia de la oración? Escribe tu oración.

Día Tres

Lee el capítulo 21 y responde a las siguientes preguntas:

- ¿Quién es el Espíritu Santo?
- ¿Por qué es absolutamente necesario depender del Espíritu Santo para vivir la vida cristiana?
- Explica las tres etapas de la vida cristiana.
- Examina tu vida por medio de las siguientes tres preguntas, y anota cualquier cosa que percibas y venga a tu mente.
    → ¿Estoy abierto para el control de Dios?
    → ¿Estoy confiando en el control de Dios?
    → ¿Estoy respondiendo al control de Dios?
- En tus propias palabras responde a la pregunta, "¿Cómo puedo ser lleno del Espíritu Santo?"

Día Cuatro

Lee el capítulo 22 y responde a las siguientes preguntas:

- ¿Qué significa venir confiadamente al trono de la gracia (Hebreos 4:16)?
- ¿De qué necesitas hablar confiadamente con Dios ahora mismo? Escribe tus oraciones.
- ¿Qué es un "punto de orgullo"? ¿Quieres pedirle ahora mismo a Dios que te muestre cualquier punto de orgullo que haya en tu vida (Santiago 4:6)? Anota cualquier percepción que obtengas de esto.

- ¿De qué manera los "aguijones" te permiten experimentar una "mayor gracia" (2 Corintios 12:7-10, Santiago 4:6)?

- ¿Qué aguijón ha utilizado o está actualmente utilizando, Dios en tu vida?

Semana Cinco
SECCIÓN 4 – Capítulos 23-29

Día Uno
Lee los capítulos 23-24 y responde a las siguientes preguntas:

- ¿Cuál es una de las dificultades más desafiantes para la cual necesitas de la comprensión, consuelo y toque sanador de Dios? En actitud de oración lee el capítulo 23 y habla con el Señor acerca de esta dificultad.

- En actitud de oración, y con esa dificultad en mente, lee el capítulo 24 y pídele al Señor que te ayude a verla desde la perspectiva de la eternidad (lee Romanos 8:28 y 2 Corintios 4:17-18).

- Ven confiadamente al trono de Su gracia y dile que deseas Su toque sanador sobre el dolor de tu alma, en una manera que lo glorifique a Él. Acepta tu responsabilidad personal por cualquier desobediencia de tu parte, y acepta Su sangre limpiadora (compara Juan 1:9). Alábale en fe, por el bien que Él puede traer a tu vida, por tu dolor.

Día Dos
Lee el capítulo 25 y responde a las siguientes preguntas:

- ¿Tienes algún "pavor" en tu vida, algo que temes pueda suceder? En actitud de oración lee 2 Corintios 1:5 y I Pedro 3:13-14, y escribe el consuelo que te proporcionan.

- Piensa acerca de alguna prueba pasada o presente en tu vida. Trata con ella declarando cómo te permitió o te está permitiendo:

- → Conocer a Dios.
    - Como "Padre de Misericordias" (Cuidadosamente lee los pasajes enlistados bajo este encabezado.)
    - Como "Dios de toda Consolación."
- → Aprender a apoyarte en Dios.
- → Enriquecer tu ministerio.

Día Tres
Lee los capítulos 26-27 y responde a las siguientes preguntas:
- ¿Cuáles son algunas de las maneras tanto activas como pasivas, en las que manifiestas tu enojo?
- ¿Podrías ser descrito como una "taza de té" o como un "barril"?
- Piensa en alguna situación en la que has sido lastimado. ¿Cuáles son algunas de las razones por las que no queremos perdonar a la persona que nos lastimó? (Sabemos que son razones equivocadas pero de todas formas escríbelas.)
- En el capítulo 27, ora a través de una situación en la que necesitas perdonar a alguien. ¿Cuál de las consecuencias por no perdonar te da una mayor motivación para obedecer a Dios?

Día Cuatro
Lee los capítulos 28-29 y responde a las siguientes preguntas:
- ¿De qué manera pudo Corrie ten Boom perdonar al guardia que abusó y mató a su hermana?
- ¿Cuál es la manera adecuada de ver a alguien que te ha ofendido o lastimado?

- ¿De qué manera el alabar a Dios por Su perdón, nos ayuda a perdonar a otros?
- En un área de fracasos repetidos, pídele a Dios, en la autoridad de la sangre derramada de Cristo, que construya un nuevo patrón de pensamiento y de respuesta. Anota tu oración.
- ¿Qué significa perdonar completamente a alguien?
- Conforme lees el capítulo 29, pídele a Dios que te muestre si estás exigiendo algo de Él, de otros o de ti mismo en forma equivocada. Anota cualquier comprensión o perspectiva que tengas sobre esto. También pídele la sabiduría para ceder este deseo o necesidad al Señor.

Semana Seis
SECCIÓN 5 – Capítulos 30-33

Día Uno

Lee el capítulo 30 y responde a las siguientes preguntas:

- ¿Cuáles son algunas maneras equivocadas en las que uno puede responder a la culpa? ¿Con cuáles de ellas te puedes identificar más fácilmente?

- ¿En qué manera difiere la convicción de Dios, de la condenación?

- Piensa en alguna área en la que Dios te está convenciendo de pecado. ¿Cuáles son tres cosas que te está diciendo según el capítulo 30?

Día Dos

Lee el capítulo 31 y responde a las siguientes preguntas:

- Medita en 1 Juan 1:5 y luego escribe una oración de alabanza por la verdad contenida en este versículo.

- ¿Por qué fue Jesús la persona más gozosa que jamás ha vivido (Hebreos 1:9)?

- Explica qué es lo que tiene que estar ausente para poder andar en comunión con Dios (I Juan 1:6,8,10)

- Explica con tus propias palabras lo que significa andar en la luz. ¿Están tú y Dios de acuerdo en este momento? Si tu respuesta es "no" a la pregunta anterior, ¿qué tendrías que hacer para que tu respuesta fuera "sí"?

Día Tres

Lee el capítulo 32 y responde a las siguientes preguntas:

- Fíjate en las diferencias entre la convicción del Espíritu y las acusaciones del Adversario. ¿Cuáles contrastes son los que más te ayudan?
- ¿Con cuál ejemplo de culpa falsa te identificas más fácilmente?

Día Cuatro

Lee el capítulo 33 y responde a las siguientes preguntas:

- Define una "conciencia limpia."
- ¿Cuáles son algunas consecuencias negativas de no tener una conciencia limpia?
- En actitud de oración lee el capítulo 33, y pídele al Señor que escudriñe tu corazón y te muestre cualquier área en la cual no tienes una seguridad interior de tener una conciencia limpia delante de Dios. Pon este asunto delante de Dios. Debes estar dispuesto a seguir cualquier consejo que Él te dé, y confía en que Él hará que puedas poner tu cabeza sobre la almohada de tu cama esta noche con una conciencia limpia.
- En oración lee el Apéndice Uno y anota los versículos que son una ayuda especial para ti.

Semana Siete
SECCIÓN 6 – Capítulos 34-36

Día Uno

Lee el capítulo 34 y responde a las siguientes preguntas:

- Explica la diferencia entre el temor purificador del Señor y los temores que paralizan o incapacitan.

- ¿De qué manera el temor estorba a un esposo o a una esposa para obedecer las instrucciones de Dios en sus roles dentro del matrimonio?

- ¿Qué temor específico en tu vida te alienta a buscar a Dios?

- ¿Qué promesa le es dada a uno que busca a Dios (2 Crónicas 26:5, Proverbios 28:5)?

Día Dos

Lee el capítulo 35 y responde a las siguientes preguntas:

- Define lo que es un "corazón puro." Da algunos ejemplos bíblicos de un corazón puro.

- Define lo que es el "doble ánimo."

- Fíjate en los cinco ejemplos de doble ánimo dados en este capítulo, y pídele a Dios que te muestre si alguno de ellos tipifica tu vida. Escribe cualquier percepción particular que tengas.

- ¿Cuáles son las consecuencias de ser de doble ánimo según Santiago 1:6-8?

Día Tres

Vuelve a leer el capítulo 35 y pídele a Dios que escudriñe tu corazón hoy y que te de la gracia para arrepentirte de cualquier área en la que seas de doble ánimo. Escribe cualquier cosa que Dios haga en tu vida.

Día Cuatro

Lee el capítulo 36 y piensa en alguna área en tu vida en la que tiendes a tener temor. Pídele a Dios que te guié a alguna promesa específica que neutraliza ese temor. Anota tu temor y la promesa. Puedes hallar ayuda en el Apéndice Dos.

Semana Ocho
SECCIÓN 7 – Capítulos 37–40

Día Uno

Lee el capítulo 37 y responde a las siguientes preguntas:

- ¿Qué es el reposo espiritual?
- ¿Quién pregunta acerca del reposo espiritual?
- ¿Quién recibe respuesta a sus preguntas?

Día Dos

Lee el capítulo 38 y responde a las siguientes preguntas:

- Jesús es la única fuente de descanso espiritual (Mateo 11:28-29). Él es el revelador de Dios. Toma tiempo para adorar y alabar a Dios por los atributos de Dios enlistados en este capítulo.
- Medita en la verdad de Efesios 1:3, 2 Pedro 1:3 y 2 Corintios 1:3. Repasa el Apéndice 4 y anota cinco cosas que te llamen la atención.

Día Tres

Lee el capítulo 39 y responde a las siguientes preguntas:

- Anota las cuatro motivaciones equivocadas para las disciplinas espirituales.
- Escribe tres metas correctas para las disciplinas espirituales.

Día Cuatro

Lee el capítulo 40 y responde a las siguientes preguntas:

- ¿Cuál es el lugar en el que uno puede experimentar el reposo espiritual?
- ¿Ves el yugo de Cristo como un don?
- ¿Estarías dispuesto a seguir el consejo del Dr. Armerding y en privado orar por Romanos 12:1-2? Escribe tu experiencia.
- Ora a través de las preguntas del Apéndice 5.

Made in the USA
Coppell, TX
18 January 2026

68347199R00184